BRIAN GAGG

WORTSUCHRÄTSEL
3 in 1 SAMMELBAND

BLUMEN, GARTEN und GRILLEN

Bibliografische Information der Deutschen Nationalbibliothek:
Die Deutsche Nationalbibliothek verzeichnet diese Publikation in der Deutschen Nationalbibliografie; detaillierte bibliografische
Daten sind im Internet über http://dnb.dnb.de abrufbar.

© 2021 Brian Gagg; 1. Auflage
Covergrafik / Illustrationen Copyright © 2021 Brian Gagg and its licensors. All rights reserved.
Texte © 2021 Brian Gagg
Herstellung und Verlag: BoD – Books on Demand, Norderstedt
ISBN: 9783755701538

Inhaltsangabe   Seite

Einleitung

Auf den folgenden Seiten finden sich thematisch sortierte Wortsuchrätsel.

Um ein Wortsuchrätsel zu lösen, müssen alle jeweils aufgelisteten Worte in der darüber befindlichen Buchstabenmatrix gefunden werden. Ist ein Wort gefunden, sollte es mit einem Stift umkreist und das gefundene Wort aus der Liste gestrichen werden. Sind alle Worte aus der Liste gefunden, ist das Rätsel gelöst. Bei Schwierigkeiten ein Rätsel zu lösen, kann die Lösung jeweils auf der Rückseite nachgeschaut werden. Die zu findenden Worte sind jeweils als ganzes (d.h. immer nur in einer Richtung und ungebrochen) in der Matrix nach folgenden Regeln versteckt:

- Suchworte können sich überlagern, d.h. ein Buchstabenkästchen kann von mehreren Suchworten genutzt sein.

- Worte können vorwärts, rückwärts, horizontal, vertikal oder diagonal in der Matrix versteckt sein.

- Suchworte stehen für sich alleine und sind unter- oder nebeneinander aufgelistet.

N	L	D	J	M	M	A	N	D	E	L	R	O	E	S	C	H	E	N
W	Q	J	N	Z	N	V	G	N	P	K	Z	P	M	Q	O	K	V	K
U	F	C	S	O	C	C	T	E	O	L	Z	S	P	O	T	M	E	C
K	Z	C	K	H	W	D	E	E	M	L	O	E	O	E	M	T	P	F
M	F	H	Q	B	H	V	E	N	Z	P	T	C	G	S	D	P	Q	P
L	N	Z	R	E	E	Z	V	Y	N	U	U	C	I	O	D	I	X	J
G	X	I	K	D	I	R	S	B	N	N	X	U	Y	L	V	O	C	H
L	N	C	H	P	P	T	P	I	V	J	F	V	O	E	T	Y	D	U
O	N	U	O	X	L	T	E	O	L	L	V	G	V	M	X	J	Q	X
E	K	Q	Q	Q	T	G	Z	V	B	E	S	P	N	U	M	T	U	R
Y	O	M	I	W	S	L	U	B	D	G	B	W	V	L	E	W	X	U
E	R	G	I	Q	O	J	V	L	A	E	Q	F	F	B	W	I	V	O
M	E	E	X	M	J	X	Q	T	W	I	I	N	N	L	L	F	B	P
U	U	R	N	T	H	Z	T	A	Q	P	U	W	H	E	U	A	T	S
L	C	A	J	C	A	I	Z	B	W	S	H	F	O	F	A	U	L	V
B	W	N	M	A	M	T	Z	N	W	N	A	M	M	F	M	P	F	W
N	Q	I	S	T	O	D	B	D	X	E	K	Z	D	O	N	W	I	H
E	M	E	A	M	X	F	F	B	G	U	H	Z	L	T	E	O	T	W
N	C	E	V	C	Y	H	G	X	O	A	B	M	O	N	W	Z	O	R
R	N	E	D	A	F	T	R	A	B	R	P	G	G	A	E	U	R	K
E	I	K	L	W	S	W	O	O	I	F	N	U	C	P	O	P	N	K
T	S	Y	D	B	N	K	C	Y	Y	H	L	J	B	C	L	I	I	I
A	O	D	T	H	D	Q	E	M	Y	W	U	I	I	Z	C	Q	N	H
L	R	L	Z	D	J	T	A	O	Y	S	I	J	R	Q	Q	U	H	B

Einjährige Blumensorten

PANTOFFELBLUME

PETUNIE

LOEWENMAUL

GOLDMOHN

GERANIE

LATERNENBLUME

MANDELROESCHEN

FRAUENSPIEGEL

MITTAGSGOLD

BARTFADEN

Lösung

```
N L D J M M A N D E L R O E S C H E N
W Q J N Z N V G N P K Z P M Q O K V K
U F C S O C C T E O L Z S P O T M E C
K Z C K H W D E E M L O E O E M T P F
M F H Q B H V E N Z P T C G S D P Q P
L N Z R E E Z V Y N U U C I O D I X J
G X I K D I R S B N N X U Y L V O C H
L N C H P P T P I V J F V O E T Y D U
O N U O X L T E O L L V G V M X J Q X
E K Q Q Q T G Z V B E S P N U M T U R
Y O M I W S L U B D G B W V L E W X U
E R G I Q O J V L A E Q F F B W I V O
M E E X M J X Q T W I I N N L L F B P
U U R N T H Z T A Q P U W H E U A T S
L C A J C A I Z B W S H F O F A U L V
B W N M A M T Z N W N A M M F M P F W
N Q I S T O D B D X E K Z D O N W I H
E M E A M X F F B G U H Z L T E O T W
N C E V C Y H G X O A B M O N W Z O R
R N E D A F T R A B R P G G A E U R K
E I K L W S W O O I F N U C P O P N K
T S Y D B N K C Y Y H L J B C L I I I
A O D T H D Q E M Y W U I I Z C Q N H
L R L Z D J T A O Y S I J R Q Q U H B
```

J	E	Y	W	E	P	J	P	M	Y	R	E	V	O	N	P	J	D	P
N	E	H	C	S	E	O	R	S	L	E	M	M	I	H	K	C	A	Z
G	F	M	X	C	U	B	W	I	F	K	W	L	O	J	M	B	Y	M
T	Y	P	G	O	L	D	G	L	O	E	C	K	C	H	E	N	B	N
X	V	O	P	Q	J	M	Q	O	T	O	X	U	X	E	D	H	R	U
O	Y	E	M	H	F	J	L	B	I	Z	F	K	M	J	X	Q	R	Z
C	Y	P	N	R	D	V	N	O	T	K	L	U	J	Y	W	O	A	B
H	N	E	H	C	S	E	O	R	K	A	L	U	T	R	O	P	N	U
T	K	Q	L	P	G	Y	M	U	E	B	M	J	D	O	F	U	E	X
J	W	V	C	G	X	M	M	W	R	T	L	R	F	J	E	C	H	D
Q	W	X	T	W	G	I	U	E	T	P	E	Z	V	R	R	A	C	H
S	K	S	G	R	B	J	L	Z	N	N	E	D	T	R	U	D	F	O
B	K	O	Z	V	R	K	R	W	J	C	T	R	V	J	E	C	P	M
L	X	G	R	U	U	P	L	Q	B	J	E	E	B	Q	T	I	E	F
I	J	K	E	A	S	Q	G	Z	M	N	M	I	R	F	I	E	O	S
K	M	X	G	C	P	C	E	N	N	P	Z	E	N	X	V	K	K	X
W	J	Y	U	Y	P	E	A	E	Y	E	S	I	N	I	W	C	N	B
V	Y	P	O	Y	P	G	A	R	S	U	L	Q	A	A	K	A	E	E
B	O	J	M	U	Z	M	V	T	K	O	A	E	Y	Y	H	L	R	G
L	S	P	L	L	Q	B	H	G	U	U	I	H	O	Q	X	D	A	O
L	G	M	J	B	C	J	Q	V	S	U	H	H	J	G	C	L	S	N
M	E	G	P	A	S	S	I	O	N	S	B	L	U	M	E	O	U	I
A	D	O	N	I	S	R	O	E	S	C	H	E	N	R	B	G	H	E
U	A	Y	J	P	Y	E	U	P	B	O	M	P	C	O	F	Y	P	S

2

Einjährige Blumensorten

HIMMELSROESCHEN

GAUKLERBLUME

ADONISROESCHEN

MAENNERTREU

GOLDGLOECKCHEN

PORTULAKROESCHEN

PASSIONSBLUME

HUSARENKOEPFCHEN

GOLDLACK

BEGONIE

Lösung

```
J E Y W E P J P M Y R E V O N P J D P
N E H C S E O R S L E M M I H K C A Z
G F M X C U B W I F K W L O J M B Y M
T Y P G O L D G L O E C K C H E N B N
X V O P Q J M Q O T O X U X E D H R U
O Y E M H F J L B I Z F K M J X Q R Z
C Y P N R D V N O T K L U J Y W O A B
H N E H C S E O R K A L U T R O P N U
T K Q L P G Y M U E B M J D O F U E X
J W V C G X M M W R T L R F J E C H D
Q W X T W G I U E T P E Z V R R A C H
S K S G R B J L Z N E D T R U D F O
B K O Z V R K R W J C T R V J E C P M
L X G R U U P L Q B J E E B Q T I E F
I J K E A S Q G Z M N M I R F I E O S
K M X G C P C E N N P Z E N X V K K X
W J Y U Y P E A E Y E S I N I W C N B
V Y P O Y P G A R S U L Q A A K A E E
B O J M U Z M V T K O A E Y Y H L R G
L S P L L Q B H G U U I H O Q X A O O
L G M J B C J Q V S U H H J G C L S N
M E G P A S S I O N S B L U M E O U I
A D O N I S R O E S C H E N R B G H E
U A Y J P Y E U P B O M P C O F Y P S
```

C	Y	S	I	P	Z	J	K	W	E	K	N	Z	P	R	U	R	I	B
K	T	H	M	E	W	Y	Q	K	T	A	T	P	K	L	I	D	C	F
B	B	M	A	D	L	Q	L	D	G	P	M	D	Y	H	B	A	H	A
A	V	F	K	C	V	V	V	W	U	U	H	U	A	S	O	H	T	C
S	E	U	I	M	D	J	J	K	E	Z	B	F	Q	C	N	A	D	J
E	M	I	E	W	W	R	G	Z	C	I	M	T	L	L	V	N	T	F
U	U	M	D	J	T	B	I	R	A	N	Y	S	N	U	N	M	V	J
Z	L	O	T	G	O	A	B	X	D	E	M	T	E	F	Z	N	A	K
W	B	H	V	I	Y	K	L	C	O	R	I	E	N	L	F	S	A	L
W	R	N	Z	L	U	H	V	B	Y	K	T	I	E	A	T	H	C	A
C	E	J	M	T	R	G	C	E	Z	R	T	N	U	E	G	P	K	T
K	I	Z	D	R	B	G	A	I	L	E	A	R	R	R	J	Q	E	S
X	P	C	T	I	O	I	H	O	V	S	G	I	G	W	Q	Y	R	C
L	A	K	Z	H	Q	E	X	N	N	S	S	C	M	G	V	X	W	H
B	P	B	O	R	E	M	J	N	X	E	B	H	I	N	D	Y	I	M
P	K	O	V	R	M	E	Y	N	G	W	L	L	R	Q	V	T	N	O
G	W	Q	W	L	N	W	D	O	N	M	U	S	E	G	W	Y	D	H
A	U	H	D	O	L	R	N	C	F	T	M	U	F	C	Y	X	E	N
X	S	W	Y	Q	U	J	A	Q	T	M	E	Y	G	Z	R	F	J	M
E	C	D	B	K	G	Y	S	D	J	P	C	X	N	U	B	L	T	H
S	P	P	Y	I	G	Z	Z	V	E	L	Y	I	U	W	X	P	G	S
J	E	K	E	O	S	X	J	H	C	P	U	E	J	Q	T	A	F	S
A	P	P	L	V	B	W	X	Z	F	J	G	B	V	A	V	Y	L	A
G	F	G	M	H	U	H	A	L	O	F	G	A	U	K	A	A	X	D

Einjährige Blumensorten

KORNRADE
MITTAGSBLUME
ACKERWINDE
KLATSCHMOHN
LEVKOJE

ASTER
JUNGFERIMGRUENEN
KAPUZINERKRESSE
DUFTSTEINRICH
MOHN
PAPIERBLUME

Lösung

C	Y	S	I	P	Z	J	K	W	E	K	N	Z	P	R	U	R	I	B
K	T	H	M	E	W	Y	Q	K	T	A	T	P	K	L	I	D	C	F
B	B	M	A	D	L	Q	L	D	G	P	M	D	Y	H	B	A	H	A
A	V	F	K	C	V	V	V	W	U	U	H	U	A	S	O	H	T	C
S	E	U	I	M	D	J	J	K	E	Z	B	F	Q	C	N	A	D	J
E	M	I	E	W	W	R	G	Z	C	I	M	T	L	L	V	N	T	F
U	U	L	M	D	J	T	B	I	R	A	N	S	N	U	N	M	V	J
Z	L	O	H	T	G	O	A	B	X	D	E	M	E	F	Z	N	A	K
W	B	H	V	I	Y	K	L	C	O	R	I	T	E	N	L	F	S	A	L
W	R	N	Z	L	U	H	V	B	Y	K	T	I	N	E	A	T	H	C	A
C	E	J	M	T	R	G	C	E	Z	R	T	N	U	E	G	P	K	T
K	I	Z	D	R	B	G	A	I	L	E	A	R	I	R	R	J	Q	E	S
X	P	C	T	I	O	I	H	O	V	S	G	I	G	M	W	Q	Y	R	C
L	A	K	Z	H	Q	E	X	N	N	S	S	C	M	G	V	X	R	W	H
B	P	B	O	R	E	M	J	N	X	E	B	H	I	N	D	Y	I	M
P	K	O	V	R	M	E	Y	N	G	W	L	L	R	L	Q	V	T	N	O
G	W	Q	W	L	N	W	D	O	N	M	U	S	E	G	W	Y	D	H
A	U	H	D	O	L	R	N	C	F	T	M	U	F	C	Y	X	E	N
X	S	W	Y	Q	U	J	A	Q	T	M	E	Y	G	Z	R	F	J	M
E	C	D	B	K	G	Y	S	D	J	P	C	X	N	U	B	L	T	H
S	P	P	Y	I	G	Z	Z	V	E	L	Y	I	U	W	X	P	G	S
J	E	K	E	O	S	X	J	H	C	P	U	E	J	Q	T	A	F	S
A	P	P	L	V	B	W	X	Z	F	J	G	B	V	A	V	Y	L	A
G	F	G	M	H	U	H	A	L	O	F	G	A	U	K	A	A	X	D

L	E	B	A	N	H	C	S	H	C	R	O	T	S	E	E	H	P	U
I	K	W	N	Z	J	U	V	C	N	Y	O	W	J	W	A	P	A	N
X	U	L	G	Q	X	M	Y	S	O	F	M	Z	Q	W	H	C	Q	K
V	U	O	X	Y	D	U	Y	L	V	K	V	D	H	L	J	U	X	W
W	O	I	U	Z	K	M	K	H	Z	N	G	K	O	N	C	A	C	U
F	Z	Y	E	W	M	B	P	Y	M	E	Q	X	T	C	M	N	S	F
L	W	I	U	A	K	E	L	E	I	P	D	Q	B	O	Q	M	M	F
Y	P	S	G	W	F	N	R	Z	K	V	C	O	Z	Z	R	T	I	L
I	K	M	S	I	W	J	Y	H	R	Y	M	B	J	L	I	I	F	Q
J	T	E	X	U	P	E	M	E	H	T	N	A	S	Y	R	H	C	D
A	W	I	D	Y	M	V	M	L	J	V	F	F	L	P	T	N	Z	B
D	O	Y	J	Z	I	H	K	O	I	F	B	C	Q	O	U	S	W	F
T	K	J	S	E	V	C	J	S	N	H	E	U	X	S	A	D	K	O
N	H	Q	W	Y	A	V	L	C	C	C	R	A	U	Q	R	K	C	Z
T	E	D	J	R	W	N	Q	H	S	G	J	D	Y	B	B	T	D	
Y	I	H	F	H	Q	W	G	M	X	I	E	H	T	H	N	H	E	Y
Y	S	Z	N	B	E	R	J	U	A	B	N	C	N	D	E	R	W	X
B	E	Q	Y	B	N	J	I	C	U	I	I	T	S	S	N	H	D	X
Q	N	X	B	U	Y	M	S	K	I	E	E	K	Q	A	N	Y	S	A
Y	H	U	Z	H	T	D	G	L	Z	E	U	Y	Q	S	O	P	W	U
Z	U	Q	O	W	P	N	F	I	W	X	H	V	E	Y	S	O	U	P
K	T	D	U	N	D	V	D	L	E	G	U	A	N	E	N	N	O	S
R	L	T	G	W	L	V	X	I	H	W	D	V	N	L	V	T	Q	P
F	C	C	E	O	S	L	L	E	A	U	M	T	V	A	S	K	P	Y

4

Staudensorten

CHRYSANTHEME

PHLOX

SCHMUCKLILIE

AKELEI

STORCHSCHNABEL

SONNENBRAUT

SONNENAUGE

BERGENIE

EIBISCH

EISENHUT

Lösung

L E B A N H C S H C R O T S E E H P U
I K W N Z J U V C N Y O W J W A P A N
X U L G Q X M Y S O F M Z Q W H C Q K
V U O X Y D U Y L V K V D H L J U X W
W O I U Z K M K H Z N G K O N C A C U
F Z Y E W M B P Y M E Q X T C M N S F
L W I U A K E L E I P D Q B O Q M M F
Y P S G W F N R Z K V C O Z Z R T I L
I K M S I W J Y H R Y M B J L I I F Q
J T E X U P E M E H T N A S Y R H C D
A W I D Y M V M L J V F F L P T N Z B
D O Y J Z I H K O I F B C Q O U S W F
T K J S E V C J S N H E U X S A D K O
N H Q W A V L C C H R A U Q R K C Z
T E D J R W N Q H R S G J D Y B B T D
Y I H F H Q W G M X I E H T H N H E Y
Y S Z N B E R J U A B N C N D E R W X
B E Q Y B N J I C U I I T S S N H D X
Q N X B U Y M S K I E E K Q A N Y S A
Y H U Z H T D G L Z E U Y Q S O P W U
Z U Q O W P N F I W X H V E Y S O U P
K T D U N D V D L E G U A N E N N O S
R L T G W L V X I H W D V N L V T Q P
F C C E O S L L E A U M T V A S K P Y

O	F	Y	X	O	U	U	O	F	A	F	R	O	Z	V	P	P	D	G
T	G	M	X	T	W	Z	T	C	Z	A	Y	M	U	X	Z	J	Q	O
O	J	E	G	I	E	E	F	X	M	M	I	R	T	G	O	V	S	Q
E	W	P	A	A	T	W	M	E	N	K	N	H	K	T	F	S	T	D
G	B	F	E	R	K	N	B	U	R	S	I	M	K	T	U	K	I	J
U	Z	I	Z	N	N	E	M	B	O	C	W	A	X	F	S	N	E	E
A	N	N	R	J	H	H	C	L	P	H	X	I	Z	I	D	X	F	G
N	K	G	E	V	U	C	K	E	S	O	R	G	X	A	F	V	M	D
E	J	S	K	I	D	K	W	V	R	E	A	L	M	M	J	C	U	E
H	S	T	T	F	Z	C	J	E	E	N	Q	O	L	S	D	J	E	T
C	C	V	H	H	L	E	P	Z	T	A	A	E	X	U	X	N	T	A
D	R	E	C	B	S	O	Q	S	T	S	S	C	T	Z	T	N	T	J
E	E	I	A	N	T	L	C	P	I	T	B	K	W	L	N	B	E	C
A	L	L	R	U	P	G	R	K	R	E	S	C	S	Z	W	K	R	V
M	F	C	P	I	J	R	V	T	E	R	I	H	O	U	O	L	C	Z
C	E	H	I	W	E	U	T	Q	M	N	P	E	K	S	Y	U	H	V
D	N	E	E	Q	O	P	M	Y	Z	Q	B	N	U	H	H	X	E	C
J	B	N	M	B	W	R	M	T	Y	C	I	L	L	I	T	M	N	I
W	L	E	E	Y	R	U	S	U	U	F	B	Y	U	A	O	Q	T	T
E	U	G	I	X	N	P	O	Q	L	C	Z	C	S	M	V	U	N	Z
Y	M	U	F	P	K	U	L	J	R	Y	L	A	A	R	E	L	D	Q
I	E	R	U	L	L	B	X	Q	R	H	G	S	G	E	Q	O	U	H
Y	F	Y	H	F	D	Q	Z	A	D	J	W	X	U	U	Q	Q	P	Z
O	I	S	F	O	V	F	M	E	Q	P	T	V	L	V	R	X	W	Z

Staudensorten

RITTERSPORN
PURPURGLOECKCHEN
STIEFMUETTERCHEN
MAEDCHENAUGE
ELFENBLUME

FLOCKENBLUME
PFINGSTVEILCHEN
PRACHTKERZE
MAIGLOECKCHEN
SCHOENASTER

Lösung

```
O F Y X O U U O F A F R O Z V P P D G
T G M X T W Z T C Z A Y M U X Z J Q O
O J E G I E E F X M M I R T G O V S Q
E W P A A T W M E N K N H K T F S T D
G B F E R K N B U R S I M K T U K I J
U Z I Z N N E M B O C W A X F S N E E
A N N R J H H C L P H X I Z I D X F G
N K G E V U C K E S O R G X A F V M D
E J S K I D K W V R E A L M M J C U E
H S T T F Z C J E E N Q O L S D J E T
C C V H H L E P Z T A A E X U X N T A
D R E C B S O Q S T A E C T Z T N E J
E E I A N T L C P I T B K W L N B E C
A L L R U P G R K R E S C S Z W K R V
M F C P I J R V T E R I H O U O L C Z
C E H I W E U T Q M N P E K S Y U H V
D N E E Q O P M Y Z Q B N U H H X E C
J B N M B W R M T Y C I L L I T M N I
W L E E Y R U S U U F B Y U A O Q T T
E U G I X N P O Q L C Z C S M V U N Z
Y M U F P K U L J R Y L A A R E L D Q
I E R U L L B X Q R H G S G E Q O U H
Y F Y H F D Q Z A D J W X U U Q Q P Z
O I S F O V F M E Q P T V L V R X W Z
```

B	T	D	Z	N	U	C	V	Y	F	F	O	E	W	X	L	A	I	P
Y	U	D	D	E	D	K	V	C	L	A	O	U	E	T	P	K	I	G
L	H	M	R	Y	U	S	O	N	N	E	N	B	L	U	M	E	M	O
Z	N	N	K	J	G	R	S	A	Y	R	E	P	F	R	P	O	N	B
H	E	Z	M	U	I	I	X	J	T	B	N	K	M	T	B	E	P	T
O	S	Z	O	D	B	S	R	O	R	E	A	F	L	L	R	I	Z	B
R	I	Q	S	C	H	A	F	G	A	R	B	E	K	E	Z	M	R	D
N	E	M	M	Z	M	O	V	A	W	K	U	E	B	Q	N	D	X	T
V	T	V	O	T	T	E	I	T	C	A	R	V	C	G	G	D	F	H
E	S	L	V	Y	P	Q	R	W	X	M	O	R	E	Z	K	Y	T	P
I	B	D	X	K	S	W	V	G	Y	I	L	G	D	W	L	E	Q	D
L	R	U	H	Z	B	N	H	L	O	L	H	F	S	K	M	V	O	L
C	E	S	O	M	H	E	U	Z	G	L	S	G	W	C	J	F	C	M
H	H	G	K	I	V	V	H	E	O	E	J	V	H	J	L	C	A	X
E	A	J	N	X	D	Y	M	D	V	H	Z	I	I	O	Z	H	B	G
N	F	K	E	W	H	U	L	P	B	S	N	V	K	J	R	Z	O	U
H	V	M	Q	T	L	I	N	D	I	G	O	L	U	P	I	N	E	Q
C	N	W	E	B	W	M	V	K	I	D	Y	I	E	Y	A	F	F	Q
U	W	X	Z	K	S	J	T	J	M	X	B	U	R	L	P	A	Z	P
Z	Q	R	T	K	J	R	H	O	P	K	A	U	S	O	Z	O	U	Z
N	E	B	F	M	J	B	P	D	G	S	Z	F	E	W	D	W	F	W
H	Z	X	G	H	S	E	D	R	O	S	E	H	E	A	D	O	K	L
W	K	N	L	Q	S	D	H	L	N	Y	F	F	Q	N	G	Q	N	I
H	M	A	T	K	Z	R	U	W	N	E	K	L	E	N	T	J	U	Y

6

Staudensorten

SONNENBLUME
INDIGOLUPINE
HERBSTEISENHUT
NELKENWURZ
NELKE

HERZBLUME
ROSE
FAERBERKAMILLE
HORNVEILCHEN
SCHAFGARBE

Lösung

B T D Z N U C V Y F F O E W X L A I P
Y U D D E D K V C L A O U E T P K I G
L H M R Y U S O N N E N B L U M E M O
Z N N K J G R S A Y R E P F R P O N B
H E Z M U I I X J T B N K M T B E P T
O S Z O D B S R O R E A F L L R I Z B
R I Q S C H A F G A R B E K E Z M R D
N E M M Z M O V A W K U E B Q N D X T
V T V O T T E I T C A R V C G G D F H
E S L V Y P Q R W X M O R E Z K Y T P
I B D X K S W V G Y I L G D W L E Q D
L R U H Z B N H L O L H F S K M V O L
C E S O M H E U Z G L S G W C J F C M
H H G K I V V H E O E J V H J L C A X
E A J N X D Y M D V H Z I I O Z H B G
N F K E W H U L P B S N V K J R Z O U
H V M Q T L I N D I G O L U P I N E Q
C N W E B W M V K I D Y I E Y A F F Q
U W X Z K S J T J M X B U R L P A Z P
Z Q R T K J R H O P K A U S O Z O U Z
N E B F M J B P D G S Z F E W D W F W
H Z X G H S E D R O S E H E A D O K L
W K N L Q S D H L N Y F F Q N G Q N I
H M A T K Z R U W N E K L E N T J U Y

L V E R G I S S M E I N N I C H T K P
R C Y X A K D Z U X I F M U I F T G E
H U S P I E R S T A U D E V G A T S Y
J H M N R O Z W Q B Y F Z E O S L Q P
F S H C J H I M D O Q D D Y Q E V K K
O Z Z I S S B E L I H N X M U Z Y E F
N S E L S U X Z N S V T Y H R A M M T
N D J G L J S W A M V F R S O W F U U
Y U J N P C E N X S B E G X F B E L H
D F Q V N N S Y Q N B P Y S T D A B R
K T O D F F C E O R T P C U V H N N E
L N E J N N I H E O F B A E E D W E G
N E I P E Z A A L P J R M H U O M K N
N S W K D C F I Z K K T X S N M T C I
V S L S O N N E N R O E S C H E N O F
K E P K B H F T E V U F S Q T Z F L H
N L C F S T A I Z D F X G X X H B G L
W P S V O G E T U H N E N N O S A J N
G N H K L L E S O R T S G N I F P P Z
S P A I H G Y X S R R Q E A V B A O R
I G L C P R A C H T S P I E R E H O T
S I S X H L K V N G Y B N X L C R M I
E C V S T O C K R O S E I R W E T W C
C I Q W X Y N E S S I K U A L B Q Y A

7

Staudensorten

SPIERSTAUDE · FINGERHUT · SCHLEIERKRAUT
VERGISSMEINNICHT · SONNENHUT · FAERBERHUELSE
BLAUKISSEN · NELKEN · SONNENROESCHEN
GLOCKENBLUME · DUFTNESSEL · PFINGSTROSE
PRACHTSPIERE · STOCKROSE · TAGLILIE

Lösung

L V E R G I S S M E I N N I C H T K P
R C Y X A K D Z U X I F M U I F T G E
H U S P I E R S T A U D E V G A T S Y
J H M N R O Z W Q B Y F Z E O S L Q P
F S H C J H I M D O Q D D Y Q E V K K
O Z Z I S S B E L I H N X M U Z Y E F
N S E L S U X Z N S V T Y H R A M M T
N D J G L J S W A M V F R S O W F U U
Y U J N P C E N X S B E G X F B E L H
D F Q V N N S Y Q N B P Y S T D A B R
K T O D F F C E O R T P C U V H N R E
L N E J N N I H E O F B A E E D W E G
N E I P E Z A A L P J R M H U O M K N
N S W K D C F I Z K K T X S N M T C I
V S L S O N N E N R O E S C H E N O F
K E P K B H F T E V U F S Q T Z F L H
N L C F S T A I Z D F X G X X H B G L
W P S V O G E T U H N E N N O S A J N
G N H K L L E S O R T S G N I F P P Z
S P A I H G Y X S R R Q E A V B A O R
I G L C P R A C H T S P I E R E H O T
S I S X H L K V N G Y B N X L C R M I
E C V S T O C K R O S E I R W E T W C
C I Q W X Y N E S S I K U A L B Q Y A

Q M G P P N J H A L O S Z Y W I I C P L
M G V S N R F Q O X K E L J F I P J V
X B A B S P X Q M A L V O O G J E I X
S A F R A N K R O K U S U R T B M V E
A W H L R M P A B X R E Z N Y A U V S
I G V C O G G B S C G X E T V T L Y R
D V T Q Y C I O G S I R H S M X B G F
N Y T A T C H X H F I D E I Q E N R U
Y E R Q C E R W F N S Y T N S N E Y C
O W H A O U I M E X J U I O E P F C H
C G M C T M W L D M E E L Y N J I X S
C Z J T K L G E I Q C T O R F W E B I
F H W A C C N A R L I D E U U S L S E
C U U V D M E J K E E T I N K S H M R
Y T L W K E C O Z T S I D X D I C M D
A B D V R D E T L H Q E R W E R S D Q
L B S U N E S S C G R F E E M I R O W
E Q H P Y B E L E B E S Y O A A N R C
O K R K R C I N L E J E Z J U R E O E
P W D E F M Y U H B H H N S F X P R I
C W H V Q J M O F V K L Q H S W U K G
X A F D E E L D R N L V A N C M E Q I
Y M R R L W R Y M I X L D Z C S F W M
N V O B L Q H O H D T G F K S D K K T

8

Zwiebelblumen

FUCHSIE

SCHNEEGLOECKCHEN

HERBSTZEITLOSE

MILCHSTERN

PRAERIELILIE

SCHLEIFENBLUME

SAFRANKROKUS

NERINE

WUNDERBLUME

IRIS

Lösung

Q M G P N J H A L O S Z Y W I I C P L
M G V S N R F Q O X K E L J F I P J V
X B A B S P X Q M A L V O O G J E I X
S A F R A N K R O K U S U R T B M V E
A W H L R M P A B X R E Z N Y A U V S
I G V C O G G B S C G X E T V T L Y R
D V T Q Y C I O G S I R H S M X B G F
N Y T A C H X H F I D E I Q E N R U C
Y E R Q C E R W F N S Y T N S N E Y H
O W H A O U I M E X J U I O E P F C S
C G M C T M W L D M E E L Y N J I X I
C Z J T K L G E I Q C T O R F W E B E
F H W A C C N A R L I D E U U S L S R
C U U V D M E J K E E T I N K S H M D
Y T L W K E C O Z T S I D X D I C M D
A B D V R D E T L H Q E R W E R S D Q
L B S U N E S S C G R F E E M I I R O W
E Q H P Y B E L E B E S Y O A A N R C
O K R K R C I N L E J E Z J U R E O E
P W D E F M Y U H B H H N S F X P R I
C W H V Q J M O F V K L Q H S W U K G
X A F D E E L D R N L V A N C M E Q I
Y M R R L W R Y M I X L D Z C S F W M
N V O B L Q H O H D T G F K S D K K T

D	K	C	X	J	P	U	L	W	Q	X	V	V	T	X	W	P	Y	I
P	V	T	I	S	G	K	M	M	G	H	O	S	N	A	S	M	R	E
S	C	H	A	C	H	B	R	E	T	T	B	L	U	M	E	R	E	O
H	Q	K	R	I	Y	Z	E	R	F	O	O	B	N	Y	B	N	T	V
K	N	H	T	U	K	Z	I	U	Q	H	C	L	Y	W	E	E	S	R
Q	Y	R	B	D	G	Z	A	S	T	Q	E	T	C	X	O	H	A	B
R	I	V	C	M	W	H	A	Y	W	N	Q	P	X	Y	R	T	L	D
Z	Y	Z	O	V	O	G	B	M	A	U	O	I	L	U	R	N	H	X
F	Q	A	C	T	O	S	H	I	D	Q	J	Z	T	U	F	I	A	C
D	U	A	Q	M	B	A	Z	E	Z	I	P	K	H	L	T	Z	R	A
O	R	H	H	B	U	N	F	I	G	L	D	E	Y	Q	R	A	T	G
V	F	O	C	J	E	D	H	L	U	K	B	L	A	J	V	Y	S	A
X	O	E	C	V	E	O	Z	A	B	N	Q	E	Z	D	Q	H	N	L
N	N	Z	V	S	V	P	R	V	G	X	F	F	I	G	Z	N	I	L
P	S	Y	P	X	I	A	C	E	R	F	V	P	N	L	P	E	E	K
H	O	I	E	E	W	E	X	L	C	D	A	T	T	Q	G	B	F	G
Y	E	G	I	R	G	B	D	L	M	A	X	R	H	G	B	U	Y	X
S	S	V	D	B	S	Q	Z	E	V	Y	I	U	E	V	E	A	J	D
G	F	W	O	N	L	N	M	B	O	C	S	E	N	T	M	R	I	B
Q	B	L	X	O	S	I	S	K	U	Q	T	A	M	A	L	T	Z	V
Q	Z	P	N	D	G	V	G	E	W	N	L	E	M	I	R	P	H	Y
Q	A	D	S	L	S	B	Q	P	Y	H	Y	A	Z	I	N	T	H	E
X	H	B	G	N	I	L	R	E	T	N	I	W	I	C	V	Z	B	F
W	Z	G	Q	P	E	A	J	S	L	F	O	T	B	S	Y	H	B	I

Zwiebelblumen

BELLEVALIE

SCHACHBRETTBLUME

HYAZINTHEN

WINTERLING

FEINSTRAHLASTER

ENZIAN

PRIMELN

TULPE

TRAUBENHYAZINTHE

HYAZINTHE

Lösung

```
D K C X J P U L W Q X V V T X W P Y I
P V T I S G K M M G H O S N A S M R E
S C H A C H B R E T T B L U M E R E O
H Q K R I Y Z E R F O O B N Y B N V R
K N H T U K Z I U Q H C L Y W E E R B
Q Y R B D G Z A S T Q E T C X O H A B
R I V C M W H A Y W N Q P X Y R T H D
Z Y Z O V O G B M A U O I L U R N H X
F Q A C T O S H I D Q J Z T U F I A C
D U A Q M B A Z E Z I P K H L T Z R A
O R H H B U N F I G L D E Y Q R A S G
V F O C J E D H L U K B L A J V Y S A
X O E C V E O Z A B N Q E Z D Q H N L
N N Z V S V P R V G X F F I G Z N I L
P S Y P X I A C E R F V P N L P E E K
H O I E E W E X L C D A T T Q G B F G
Y E G I R G B D L M A X R H G B U Y X
S S V D B S Q Z E V Y I U E V E A J D
G F W O N L N M B O C S E N T M R I B
Q B L X O S I S K U Q T A M A L T Z V
Q Z P N D G V G E W N L E M I R P H Y
Q A D S L S B Q P Y H Y A Z I N T H E
X H B G N I L R E T N I W I C V Z B F
W Z G Q P E A J S L F O T B S Y H B I
```

```
N L W K G O L D P N T H G Y G Y G V T
E F B F K N T E S R N N J Q F G Z H I
H E K B E L A D R J S V H H P D Q Z W
C V X P Z I M E C C S A Y O A H X A Y
K T A B X N O C Q V H L Y T Q H I C O
C P K Q N E F C U N S E T G L T H I O
E N U H E H D A D K K K N E V T U K E
O Y G U H C L I P L P F Y S Q B L P P
L P E J C S D C V R A Z A P P S H Y U
G E L H M E F H I C H Z T E T O N S K
N I L F E O B J C V K K I Z H X R B N
E L A A U R I Y B L E G J D C U G N D
S I U L L D B E E R T S L U V S P H X
A L C D B N A S E B P B Q H J V Z B L
H N H C R I B P T I P Y S T G T N A M
O E H O E W Q Y M K P S N Q M O A I X
Z K N S B H W S A A R U C Y Z G L X J
Z A C F E C B T L W L O J R Q J G P O
E H G W L S K X V F W G K O Z J E J G
K E J D V U C L E D F M M U M O E X E
I R E S E B T L X F J O V S S M N H G
E M Y B F M J O V P M V J Q O V H J C
G W T E N R F C M B Q A W V B P C R M
M E Q N A R Z I S S E U T D R B S W J
```

10

Zwiebelblumen

HAKENLILIE	HERBSTKROKUS
SCHNEEGLANZ	HASENGLOECKCHEN
KUGELLAUCH	BUSCHWINDROESCHEN
LEBERBLUEMCHEN	NARZISSE
MALVE	LERCHENSPORN

Lösung

```
N L W K G O L D P N T H G Y G Y G V T
E F B F K N T E S R N N J Q F G Z H I
H E K B E L A D R J S V H H P D Q Z W
C V X P Z I M E C C S A Y O A H X A Y
K T A B X N O C Q V H L Y T Q H I C O
C P K Q N E F C U N S E T G L T H I O
E N U H E H D A D K K K N E V T U K E
O Y G U H C L I P L P F Y S Q B L P P
L P E J C S D C V R A Z A P P S H Y U
G E L H M E F H I C H Z T E T O N S K
N I L F E O B J C V K K I Z H X R B N
E L A A U R I Y B L E G J D C U G N D
S I U L L D B E E R T S L U V S P H X
A L C D B N A S E B P B Q H J V Z B L
H N H C R I B P T I P Y S T G T N A M
O E H O E W Q Y M K P S N Q M O A I X
Z K N S B H W S A A R U C Y Z G L X J
Z A C F E C B T L W L O J R Q J G P O
E H G W L S K X V F W G K O Z J E J G
K E J D V U C L E D F M M U M O E X E
I R E S E B T L X F J O V S S M N H G
E M Y B F M J O V P M V J Q O V H J C
G W T E N R F C M B Q A W V B P C R M
M E Q N A R Z I S S E U T D R B S W J
```

F Y T C W P W E L A G N G B V A P Z R
E N R F V P Z M S N M Q J V C R W M Y
C Q J K S Q H V D P M N A O J D F P W
A S N B M T W J A D L A E V W P B U G
G N M D N A U Z S Z W Y T N U S E F J
S G B H S V B J P G D M K F U U Z V G
P S L K Z T N J C P E S V X K V R L J
W E U M O Q H B H M M H J A N J E N U
T H M C J B P P T G U P M Y J A K E K
B T Z M P S I T L U L X Q S L Y T I L
S N D W K T R C X R B W W O C E H L P
U I Y Y V E I D A X N R M U Q F C I B
K Z C E V P W E D M R S C T V Y A L P
O A I T M P Y Q G V E K Q H G L N L D
R Y S I O E N K O I T Z Y R E X M E T
K H E F V N O C Y W S H E N N X R K X
H P H V T K N C X Z F O Z K J K X C W
U A K P F E W O G A E R S O P E G A I
I K O A D R T B A Y O M G F B R B F S
W L F Y N Z T K G S Q B F X L J G S A
P R N X U E M U E E S O R E B U T B U
H U C Z E U Z C G H L F V T M P Z I T
Y U A Z B Q O F T R H M G R P T S R H
K E I L O I D A L G N E I L I L X G J

11

Zwiebelblumen

KAPHYAZINTHE

GLADIOLIE

FACKELLILIE

NACHTKERZE

STERNBLUME

KROKUS

TUBEROSE

LENZROSE

LILIE

STEPPENKERZE

Lösung

F	Y	T	C	W	P	W	E	L	A	G	N	G	B	V	A	P	Z	R
E	N	R	F	V	P	Z	M	S	N	M	Q	J	V	C	R	W	M	Y
C	Q	J	K	S	Q	H	V	D	P	M	N	A	O	J	D	F	P	W
A	S	N	B	M	T	W	J	A	D	L	A	E	V	W	P	B	U	G
G	N	M	D	N	A	U	Z	S	Z	W	Y	T	N	U	S	E	F	J
S	G	B	H	S	V	B	J	P	G	D	M	K	F	U	U	Z	V	G
P	S	L	K	Z	T	N	J	C	P	E	S	V	X	K	V	R	L	J
W	E	U	M	O	Q	H	B	H	M	M	H	J	A	N	J	E	N	U
T	H	M	C	J	B	P	P	T	G	U	P	M	Y	J	A	K	E	K
B	T	Z	M	P	S	I	T	L	U	L	X	Q	S	L	Y	T	I	L
S	N	D	W	K	T	R	C	X	R	B	W	W	O	C	E	H	L	P
U	I	Y	Y	V	E	I	D	A	X	N	R	M	U	Q	F	C	I	L
K	Z	C	E	V	P	W	E	D	M	R	S	C	T	V	Y	A	L	L
O	A	I	T	M	P	Y	Q	G	V	E	K	Q	H	G	L	N	L	D
R	Y	S	I	O	E	N	K	O	I	T	Z	Y	R	E	X	M	E	T
K	H	E	F	V	N	O	C	Y	W	S	H	E	N	N	X	R	K	X
H	P	H	V	T	K	N	C	X	Z	F	O	Z	K	J	K	X	C	W
U	A	K	P	F	E	W	O	G	A	E	R	S	O	P	E	G	A	I
I	K	O	A	D	R	T	B	A	Y	O	M	G	F	B	R	B	F	S
W	L	F	Y	N	Z	T	K	G	S	Q	B	F	X	L	J	G	S	A
P	R	N	X	U	E	M	U	E	E	S	O	R	E	B	U	T	B	U
H	U	C	Z	E	U	Z	C	G	H	L	F	V	T	M	P	Z	I	T
Y	U	A	Z	B	Q	O	F	T	R	H	M	G	R	P	T	S	R	H
K	E	I	L	O	I	D	A	L	G	N	E	I	L	I	L	X	G	J

K A I S E R K R O N E X T B B N J N N
L U P I N E D A T O I Y E J P P A C U
W G W E K K O X M O H P I Z I S W A T
D O C G F H W D Z U U V N M Q I F W R
W E D E H X O M N U S G A J F E M R Z
P O M O O T P D R T V R E H I A O W U
K C T U J P S R Y R G W O L E C Q H G
J G P R L Z P I T E Y E H R E P W O Z
I W H B A B P N R L P A Z Y N U B N K
H B T H Z G N I U R D E B W O S Y O E
V B N B I Z T E W M N T Z W M C G J J
K B N H Q E V D D B F G X W E H D L I
W N G I N V J A E R D V I B N K P J L
J F O G V N R C J Y A S F A A I N F B
B T L K V J H I J Z S K M K S N O G Q
K B D R M E F G J E N M O A G I S W M
W S K B R M V U V P U V L K N E B N E
W L R C D E H K W O U J P S I J N V S
W S O V S C N I S S E X A U L D D L E
B G K M P I W B E X U E P S H S M I U
I S U N C J P Y I I O D C C E W W A M
L C S R J C Q B X I E Q N B U Y B X P
P X X B G I F S C I L G L B R Y U G I
O O I Q R A F R I O K K L P F E V Z E

12

Zwiebelblumen

MARGERITE   KOKARDENBLUME

DAHLIE   PUSCHKINIE

GOLDKROKUS   HUNDSZAHN

MAERZENBECHER   KAISERKRONE

LUPINE   FRUEHLINGSANEMONE

Lösung

K	A	I	S	E	R	K	R	O	N	E	X	T	B	B	N	J	N	N
L	U	P	I	N	E	D	A	T	O	I	Y	E	J	P	P	A	C	U
W	G	W	E	K	K	O	X	M	O	H	P	I	Z	I	S	W	A	T
D	O	C	G	F	H	W	D	Z	U	U	V	N	M	Q	I	F	W	R
W	E	D	E	H	X	O	M	N	U	S	G	A	J	F	E	M	R	Z
P	O	M	O	O	T	P	D	R	T	V	R	E	H	I	A	O	W	U
K	C	T	U	J	P	S	R	Y	R	G	W	O	L	E	C	Q	H	G
J	G	P	R	L	Z	P	I	T	E	Y	E	H	R	E	P	W	O	Z
I	W	H	A	B	P	N	R	L	P	A	Z	Y	N	U	B	N	K
H	B	T	H	Z	G	N	I	U	R	D	E	B	W	O	S	Y	O	E
V	B	N	B	I	Z	T	E	W	M	N	T	Z	W	M	C	G	J	J
K	B	N	H	Q	E	V	D	D	B	F	G	X	W	E	H	D	L	I
W	N	G	I	N	V	J	A	E	R	D	V	I	B	N	K	P	J	L
J	F	O	G	V	N	R	C	J	Y	A	S	F	A	A	I	N	F	B
B	T	L	K	V	J	H	I	I	Z	S	K	M	K	S	N	O	G	Q
K	B	D	R	M	E	F	G	J	E	N	M	O	A	G	I	S	W	M
W	S	K	B	R	M	V	U	V	P	U	V	L	K	N	E	B	N	E
W	L	R	C	D	E	H	K	W	O	U	J	P	S	I	J	N	V	S
W	S	O	V	S	C	N	I	S	S	E	X	A	U	L	D	D	L	E
B	G	K	M	P	I	W	B	E	X	U	E	P	S	H	S	M	I	U
I	S	U	N	C	J	P	Y	I	I	O	D	C	C	E	W	W	A	M
L	C	S	R	J	C	Q	B	X	I	E	Q	N	B	U	Y	B	X	P
P	X	X	B	G	I	F	S	C	I	L	G	L	B	R	Y	U	G	I
O	O	I	Q	R	A	F	R	I	O	K	K	L	P	F	E	V	Z	E

V	Q	G	U	G	A	O	E	L	L	I	M	A	K	E	T	H	C	E
V	H	M	R	D	B	I	E	N	E	N	F	R	E	U	N	D	Q	H
W	X	H	C	N	L	N	O	N	C	M	Z	I	Z	N	K	V	I	H
S	K	F	T	C	R	B	F	N	B	E	S	Z	X	I	A	J	O	I
V	A	A	P	L	S	R	Z	A	Z	E	C	U	E	U	M	C	H	W
E	N	C	Z	O	C	H	I	T	B	U	H	G	H	O	W	Y	T	G
N	Z	J	N	N	W	Y	R	T	Q	D	O	T	E	K	K	H	L	F
U	M	U	Q	W	O	R	V	E	E	Z	E	U	F	G	N	F	A	S
S	P	V	X	H	I	S	Y	R	R	X	T	H	F	X	W	D	B	G
S	D	X	R	M	X	E	X	N	W	M	E	S	M	N	V	U	O	V
P	R	D	K	K	N	H	Y	K	X	S	R	Y	H	W	E	V	X	W
I	L	B	P	D	V	R	V	O	U	Y	I	M	E	U	C	W	N	B
E	F	P	Y	O	K	K	F	P	U	F	C	Y	C	X	V	O	B	X
G	S	U	Q	U	Y	S	P	F	X	T	H	R	H	G	C	A	H	V
E	K	O	R	N	B	L	U	M	E	G	P	D	G	Q	U	Y	Z	O
L	C	U	V	G	D	W	O	L	O	P	J	N	H	C	Z	U	E	B
C	F	Q	Z	U	A	K	F	Y	K	D	A	R	D	Y	I	S	W	C
B	L	I	C	H	T	N	E	L	K	E	V	D	X	V	U	E	Q	W
Z	U	Z	I	Z	A	U	N	R	U	E	B	E	Q	S	L	I	F	W
B	Y	O	Q	N	N	T	Y	H	K	I	C	T	A	A	F	E	M	S
S	T	U	A	R	K	S	T	H	C	I	B	A	H	Q	S	V	R	M
I	D	B	G	O	T	Q	W	B	S	F	Y	T	J	D	Z	T	C	K
B	K	U	R	R	H	P	D	Q	B	S	C	Z	Q	C	R	T	U	D
P	F	M	X	Z	E	V	E	T	R	A	W	G	E	W	E	P	Y	U

Wildblumen

HABICHTSKRAUT   KORNBLUME

NATTERNKOPF   ZAUNRUEBE

LICHTNELKE   WEGWARTE

ECHTEKAMILLE   VENUSSPIEGEL

SCHOETERICH   BIENENFREUND

Lösung

```
V Q G U G A O E L L I M A K E T H C E
V H M R D B I E N E N F R E U N D Q H
W X H C N L N O N C M Z I Z N K V I H
S K F T C R B F N B E S Z X I A J O I
V A A P L S R Z A Z E C U E U M C H W
E N C Z O C H I T B U H G H O W Y T G
N Z J N N W Y R T Q D O T E K K H L F
U M U Q W O R V E E Z E U F G N F A S
S P V X H I S Y R R X T H F X W D B G
S D X R M X E X N W M E S M N V U O V
P R D K K N H Y K X S R Y H W E V A W
I L B P D V R V O U Y I M E U C W N B
E F P Y O K K F P U F C Y C X V O B X
G S U Q U Y S P F X T H R H G C A H V
E K O R N B L U M E G P D G Q U Y Z O
L C U V G D W O L O P J N H C Z U E B
C F Q Z U A K F Y K D A R D Y I S W C
B L I C H T N E L K E V D X V U E Q W
Z U Z I Z A U N R U E B E Q S L I F W
B Y O Q N N T Y H K I C T A A F E M S
S T U A R K S T H C I B A H Q S V R M
I D B G O T Q W B S F Y T J D Z T C K
B K U R R H P D Q B S C Z Q C R T U D
P F M X Z E V E T R A W G E W E P Y U
```

S W N I C K E N D E D I S T E L Q G S
J V W M A R X C K C L G C P C W N P R
W Y H I N C V Y I D I Q U Z U I A E K
Y H Z M G C V V B F X O G Q X L G T N
E G U A N E S H C O Q Y A A G N M C T
O H V F H B S G B G G V E M U A S R F
D J V Z N L C Q D X R L N Z E M I C D
E G H U B S H D A Q Y H S D C F L G N
K M S H Y T O W P E S D E A L L A E A
S U E U G R E W X G N S B Z O U N W C
W Z E S I A L R T U U G L S N U R V H
M I I P O H L J H E F O U U C V E O T
X Q Z A E L K C S E W I E I V W V S V
U I G P Y E R S G I N A M M A G S B I
Y H C H S N A G Q W C K C J E Q I N O
S E A W V D U B H E M V H W J U N U L
G M X P N O T G T F N Z E W I I O O E
C X J C C L D B P J X L N K M M D E L
U I V T V D K A D U A M B I S K A F J
Z B Y W Z E Y O O D O R H E O F Y P B
C R V E S R T Q K S J U M H M O B I D
E M U L B N E K C O L F B D M O K V B
S S A O L T R I U B N K X R L L Z F Y
G B P P A L Q X R O O E Q H P L C T Q

14

Wildblumen

STRAHLENDOLDE

NACHTVIOLE

OCHSENAUGE

MAEDESUESS

ADONISVERNALIS

SCHOELLKRAUT

NICKENDEDISTEL

FLOCKENBLUME

GAENSEBLUEMCHEN

HUNDSZUNGE

Lösung

S	W	N	I	C	K	E	N	D	E	D	I	S	T	E	L	Q	G	S
J	V	W	M	A	R	X	C	K	C	L	G	C	P	C	W	N	P	R
W	Y	H	I	N	C	V	Y	I	D	I	Q	U	Z	U	I	A	E	K
Y	H	Z	M	G	C	V	V	B	F	X	O	G	Q	X	L	G	T	N
E	G	U	A	N	E	S	H	C	O	Q	Y	A	A	G	N	M	C	T
O	H	V	F	H	B	S	G	B	G	G	V	E	M	U	A	S	R	F
D	J	V	Z	N	L	C	Q	D	X	R	L	N	Z	E	M	I	C	D
E	G	H	U	B	S	S	H	D	A	Q	Y	H	S	D	C	F	L	N
K	M	S	H	Y	T	O	W	P	E	S	D	E	A	L	L	A	E	A
S	U	E	U	G	R	E	W	X	G	N	S	B	Z	O	U	N	W	C
W	Z	E	S	I	A	L	R	T	U	U	G	L	S	N	U	R	V	H
M	I	I	P	O	H	L	J	H	E	F	O	U	U	C	V	E	O	T
X	Q	Z	A	E	L	K	C	S	E	W	I	E	I	V	W	V	S	V
U	I	G	P	Y	E	R	S	G	I	N	A	M	M	A	G	S	B	I
Y	H	C	H	S	N	A	G	Q	W	C	K	C	J	E	Q	I	N	O
S	E	A	W	V	D	U	B	H	E	M	V	H	W	J	U	N	U	L
G	M	X	P	N	O	T	G	T	F	N	Z	E	W	I	I	O	O	E
C	X	J	C	C	L	D	B	P	J	X	L	N	K	M	M	D	E	L
U	I	V	T	V	D	K	A	D	U	A	M	B	I	S	K	A	F	J
Z	B	Y	W	Z	E	Y	O	O	D	O	R	H	E	O	F	Y	P	B
C	R	V	E	S	R	T	Q	K	S	J	U	M	H	M	O	B	I	D
E	M	U	L	B	N	E	K	C	O	L	F	B	D	M	O	K	V	B
S	S	A	O	L	T	R	I	U	B	N	K	X	R	L	L	Z	F	Y
G	B	P	P	A	L	Q	X	R	O	O	E	Q	H	P	L	C	T	Q

E	T	K	G	E	B	Q	L	W	S	H	I	Z	L	F	X	Q	F	A
M	C	Y	G	H	Y	R	H	F	V	K	Q	O	F	Y	E	C	P	T
U	V	V	Y	T	F	T	H	T	N	P	X	V	Y	N	M	G	R	E
L	P	Z	Z	N	L	N	O	W	F	Y	D	L	A	O	U	Y	O	X
B	A	R	D	I	S	E	E	R	O	S	E	Z	Z	P	L	D	S	E
R	P	H	G	Z	E	V	O	O	Y	U	E	D	J	Q	B	W	E	X
E	J	F	J	A	H	N	W	Y	P	N	Q	X	Q	D	N	M	N	H
T	V	J	H	Y	G	T	N	W	J	L	F	B	C	I	E	D	P	E
T	M	Y	A	H	S	N	Z	A	U	B	Z	T	J	E	N	Z	R	C
O	G	V	Z	R	U	G	H	U	K	R	Z	K	S	N	A	V	I	H
D	C	O	H	E	M	E	G	C	Y	E	Z	O	U	G	W	X	M	T
F	F	Z	G	S	P	L	C	D	E	F	E	O	Q	F	H	H	E	K
P	C	T	M	S	F	B	J	D	S	H	P	S	F	M	C	T	L	R
M	J	A	M	A	C	E	D	X	N	L	Y	Q	L	U	S	O	Z	A
U	F	O	P	W	A	T	T	A	I	X	R	K	Z	F	K	L	I	U
S	C	K	M	U	L	E	X	B	B	T	T	S	G	F	V	N	V	T
W	L	E	B	T	L	I	R	W	N	H	D	S	A	G	G	P	L	G
N	S	Y	K	B	A	C	I	W	E	X	V	D	K	C	Z	L	H	N
D	K	P	S	K	G	H	W	L	M	B	E	H	B	V	K	P	G	G
J	N	R	Z	V	J	R	F	M	U	J	L	Y	E	D	G	S	U	O
R	Y	L	A	K	N	O	A	A	L	K	M	N	R	R	G	D	S	X
W	Y	U	X	V	X	S	D	Q	B	G	X	B	S	K	K	X	M	M
J	A	W	E	C	K	E	Z	S	I	P	Z	F	M	Q	P	H	K	I
I	X	S	M	F	A	J	J	Y	F	X	N	Q	A	O	B	R	N	J

15

Teichblumen

SEEROSE

HECHTKRAUT

SUMPFDOTTERBLUME

BLUMENBINSE

SUMPFCALLA

SCHWANENBLUME

GELBETEICHROSE

ROSENPRIMEL

WASSERHYAZINTHE

SEEKANNE

Lösung

E T K G E B Q L W S H I Z L F X Q F A
M C Y G H Y R H F V K Q O F Y E C P T
U V V Y T F T H T N P X V Y N M G R E
L P Z Z N L N O W F Y D L A O U Y O X
B A R D I S E E R O S E Z Z P L D S E
R P H G Z E V O O Y U E D J Q B W E X
E J F J A H N W Y P N Q X Q D N M N P
T V J H Y G T N W J L F B C I E D R I
T M Y A H S N Z A U B Z T J E N Z C H
O G V Z R U G H U K R Z K S N A V I H
D C O H E M E G C Y E Z O U G W X M T
F F Z G S P L C D E F E O Q F N H E K
P C T M S S F B J D S H P S F M C T R
M J A M A C E D X N L Y Q L U S O Z A
U F O P W A T T A I X R K Z F K L I U
S C K M U L E X B B T T S G F V N V T
W L E B T L I R W N H D S A G G P L G
N S Y K B A C I W E X V D K C Z L H N
D K P S K G H W L M B E H B V K P G G
J N R Z V J R F M U J L Y E D S U O O
R Y L A K N O A A L K M N R R G D S X
W Y U X V X S D Q B G X B S K K X M M
J A W E C K E Z S I P Z F M Q P H K I
I X S M F A J J J Y F X N Q A O B R N J

C	N	I	Q	A	P	Z	G	W	X	B	Z	L	R	N	T	P	U	X
F	X	H	L	I	R	T	D	N	Z	G	C	I	I	M	Q	S	F	E
R	U	Y	J	X	I	M	Q	E	C	E	K	I	P	N	A	R	E	U
G	Y	D	R	Q	L	A	H	H	R	P	B	W	J	W	D	Y	O	B
Q	V	U	P	U	D	A	A	C	Y	E	F	G	T	Y	V	C	A	U
R	V	K	A	Z	X	E	R	K	M	L	R	V	R	V	E	E	R	K
R	G	S	E	G	A	I	E	C	S	C	M	X	N	I	N	P	U	U
P	C	P	Y	A	V	N	Z	E	A	I	P	E	H	F	T	G	I	C
Z	Y	C	O	J	Z	B	T	O	H	Y	A	E	A	U	S	W	U	P
X	I	I	G	H	N	L	U	L	Y	D	V	M	B	W	S	W	F	E
F	Z	S	K	J	T	A	P	G	D	N	J	U	X	L	T	J	Q	L
I	A	O	M	X	H	T	N	U	I	R	E	L	T	Q	E	S	A	F
G	B	T	W	V	C	T	E	A	K	C	D	B	U	L	R	L	W	N
P	O	N	H	I	U	T	F	L	Y	M	H	T	E	Q	N	J	M	A
J	B	L	H	W	R	A	I	B	G	V	F	U	C	F	W	F	W	J
D	K	Y	W	N	F	B	E	G	L	S	U	L	L	L	C	H	U	I
U	R	J	J	K	H	X	F	K	A	S	S	B	G	X	U	Y	Q	Q
Z	Q	A	J	X	E	U	P	M	E	T	F	E	J	L	M	U	D	I
P	M	H	R	V	R	V	D	C	C	J	W	T	W	S	I	J	Z	R
V	O	Z	F	Z	D	K	A	L	L	A	Q	Y	F	I	T	P	R	Q
H	R	E	Z	T	U	P	N	E	H	C	S	A	L	F	A	H	L	Q
K	M	Y	G	U	D	F	B	O	J	A	B	Z	Q	R	B	E	V	A
O	Z	C	W	I	P	V	T	A	P	I	R	B	L	U	M	E	Y	Q
F	V	M	T	O	M	B	E	E	D	I	H	C	R	O	J	S	H	X

Zimmerblumen

DREHFRUCHT	ORCHIDEE
FLASCHENPUTZER	PFEIFENPUTZER
BLUTBLUME	BLAUGLOECKCHEN
ADVENTSSTERN	KALLA
TAPIRBLUME	EINBLATT

```
C N I Q A P Z G W X B Z L R N T P U X
F X H L I R T D N Z G C I I M Q S F E
R U Y J X I M Q E C E K I P N A R E U
G Y D R Q L A H H R P B W J W D Y O B
Q V U P U D A A C Y E F G T Y V C A U
R V K A Z X E R K M L R V R V E R K
R G S E G A I E C S C M X N I N P U U
P C P Y A V N Z E A I P E H F T G I C
Z Y C O J Z B T O H Y A E A U S W U P
X I I G H N L U L Y D V M B W S W F E
F Z S K J T A P G D N J U X L T J Q L
I A O M X H T N U I R E L T Q E S A F
G B T W V C T T E A K C D B U L R L N
P O N H I U T F L Y M H T E Q N J M A
J B L H W R A I B G V F U C F W F W J
D K Y W N F B E G L S U L L L C H U I
U R J J K H X F K A S S B G X U Y Q Q
Z Q A J X E U P M E T F E J L M U D I
P M H R V R V D C C J W T W S I J Z R
V O Z F Z D K A L L A Q Y F I T P R Q
H R E Z T U P N E H C S A L F A H L Q
K M Y G U D F B O J A B Z Q R B E V A
O Z C W I P V T A P I R B L U M E Y Q
F V M T O M B E E D I H C R O J S H X
```

X T D G U H T H Z O Y B A S J E N S Z
H U N M R Q P T Q V J S K L J U O V E
H L B V C K S I F S V E R Y T S F S B
T U Q A Y V O D M N D F Z X N D L W E
K E K M L L O K C E R C F N B N E E M
E R T H R M T R L S C Z V D Z J P I P
F V I K P W G L X B N F N B J S E H Z
A J W P F G I U A I U F B K K R I N H
O I J A D E S B M H B Q A Y T A V A E
N G T J S Q T S R J F H M E S T I C D
D F O C M A A J F U Z L I I S F L H M
U P H Y K J K X K T L L L S Q P K T K
D E R G G I W G F O E L P H R F R S P
N G X I V G T B X M Y L S H B I E S Y
N E H C L I E V A R A B M A S U M T L
Y L M P K S G K A B F W E I Z V M E Y
V C H V N I I M Y Q I R D W D Q I R A
B S T J P F A A R D I S I E L C Z N S
I R Q T C U A B C G D S S L L F K G K
B B F D N E M E H T N A S Y R H C N M
D K G Q W E O W J H X E D L M J S M F
O W U B Y V D E Y C O J U R U E E Q S
N E H C L I E V N E P L A C Q R I K S
Z L X N A C W A X X Y T F J S H O D W

17

Zimmerblumen

- WEIHNACHTSSTERN
- JASMIN
- CHRYSANTHEMEN
- USAMBARAVEILCHEN
- ALPENVEILCHEN
- EDELLIESCHEN
- ARDISIE
- KAMELIE
- AMARYLLIS
- ZIMMERKLIVIE

Lösung

```
X  T  D  G  U  H  T  H  Z  O  Y  B  A  S  J  E  N  S  Z
H  U  N  M  R  Q  P  T  Q  V  J  S  K  L  J  U  O  V  E
H  L  B  V  C  K  S  I  F  S  V  E  R  Y  T  S  F  S  B
T  U  Q  A  Y  V  O  D  M  N  D  F  Z  X  N  D  L  W  E
K  E  K  M  L  L  O  K  C  E  R  C  F  N  B  N  E  E  M
E  R  T  H  R  M  T  R  L  S  C  Z  V  D  Z  J  P  I  P
F  V  I  K  P  W  G  L  X  B  N  F  N  B  J  S  E  H  Z
A  J  W  P  F  G  I  U  A  I  U  F  B  K  K  R  I  N  H
O  I  J  A  D  E  S  B  M  H  B  Q  A  Y  T  A  V  A  E
N  G  T  J  S  Q  T  S  R  J  F  H  M  E  S  T  I  C  D
D  F  O  C  M  A  A  J  F  U  Z  L  I  I  S  F  L  H  M
U  P  H  Y  K  J  K  X  K  T  L  L  L  S  Q  P  K  T  K
D  E  R  G  G  I  W  G  F  O  E  L  P  H  R  F  R  S  P
N  G  X  I  V  G  T  B  X  M  Y  L  S  H  B  I  E  S  Y
N  E  H  C  L  I  E  V  A  R  A  B  M  A  S  U  M  T  L
Y  L  M  P  K  S  G  K  A  B  F  W  E  I  Z  V  M  E  Y
V  C  H  V  N  I  I  M  Y  Q  I  R  D  W  D  Q  I  R  A
B  S  T  J  P  F  A  A  R  D  I  S  I  E  L  C  Z  N  S
I  R  Q  T  C  U  A  B  C  G  D  S  S  L  L  F  K  G  K
B  B  F  D  N  E  M  E  H  T  N  A  S  Y  R  H  C  N  M
D  K  G  Q  W  E  O  W  J  H  X  E  D  L  M  J  S  M  F
O  W  U  B  Y  V  D  E  Y  C  O  J  U  R  U  E  E  Q  S
N  E  H  C  L  I  E  V  N  E  P  L  A  C  Q  R  I  K  S
Z  L  X  N  A  C  W  A  X  X  Y  T  F  J  S  H  O  D  W
```

E Q H P Z A C Z C L F H Z W P C Y L C
E M U L B O G N I M A L F W E R Y I O
G O T V E V I Z H I Y Q A U L O R J E
W G X R D R W G C N Q C N V C G A Q Z
G A Y P X W H D G U H Q E Y F E E H O
B F A E G D P Z Y S L U K T W S B E K
I V W P K M P S B H C H S Q N U E N I
I P K U W Q V L R W H G M P B K N N M
F A J F B L U J T M G I W T E S E J O
W L D T M M L A S Z M Y N R W I I N K
Y Z K H E Y E N N O E T E W W B D I X
P J Z M M P J Y S R Z E C N S I R K T
B Y V N X B X E P B E L L M C H A Z K
U I M U I J S O N N Z T K A C L G U A
X Y W Y H Z B F M B K Z S I Z I F B L
R I N F Y A N X R P K U Y R M A M G L
B I L G S G Y O T Q T R L C E E U H A
T K P M A I M V B O E U T F N T P Q K
G E J J T E F J D Q S I H E O C T O Y
R L C U L D U O Y H V R N L B R U I B
H C C I U X X H D Z Z J F O R Q P M R
U F E C V C R K I K E S L B G A Y Z Y
R I V Z O R H F W N O G G K U E C J Z
H W H W K M Z J Q B K A M B W J B R T

Zimmerblumen

WACHSBLUME

MIMOSE

RITTERSTERN

FLAMINGOBLUME

GARDIENE

HIBISKUS

AZALEE

BROMELIE

BEGONIE

KALLA

Lösung

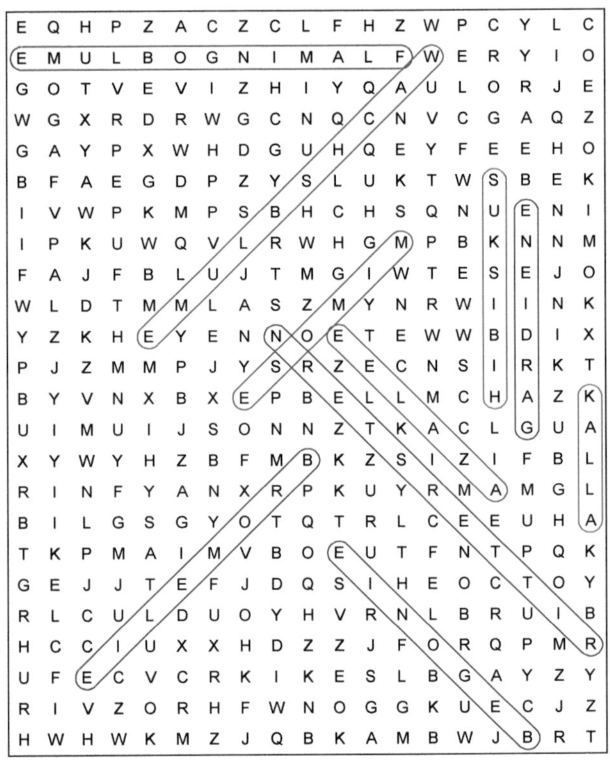

DAS

GARTEN

WORTSUCHRÄTSEL BUCH

T L Y C J F U W T O Y I M G K K E V O
H N N V G O L A K C W K S B T U G F F
M U E O O G C G B D W L U U S H Z V Y
L Z C D N Q Y W W H K E N C Y R O S V
N A R E I D R A T L C P F M D R O U Z
E Z S U N E T R A G N I E T S M M U F
R C L Y I M N T W J V X E Z W P Y V A
E N H O C P W H C H E X I T F G F U P
E X Y W H N U S C F H S P L H V C F R
B M Z D L N D F R S T U A Q G F L S V
S H T J R J E B P E K N U A U A B E D
I L A A E C R S R Q Z C P L N V R K Q
N F G J G H O N S U F Y E Z J P K N Q
N W Y F K A E P N A E N K U F L X L K
A N D O Q K A G R N R U D L R H W D P
H N I O T T X Z R Q E R A N E U N B H
O G H I H A I U Z B U N E D I I Z R Q
J V T J Q A W H E Y Z L X T A G V C W
C Q O M C S I L O A A L M F P H J W A
Q J M Y M N A G R V V C I F Q X K X J
T C M A N A Z B G U B T E T F M R R Y
V Z K U Y K E I V X J D O W L K G B N
Y C R B G I A P D G Y K V U X U X B V
J B H N T Y Y N H L B Y V C C R Y W K

1

ZURUECKSCHNEIDEN

ANSAAT

UMPFLANZUNG

PFLANZKUEBEL

VERPFLANZARBEIT

JOHANNISBEEREN

TEICHBAU

STEINGARTEN

TERRASSENHOLZ

ZISTERNE

Lösung

```
T L Y C J F U W T O Y I M G K K E V O
H N N V G O L A K C W K S B T U G F F
M U E O O G C G B D W L U U S H Z V Y
L Z C D N Q Y W W H K E N C Y R O S V
N A R E I D R A T L C P F M D R O U Z
E Z S U N E T R A G N I E T S M M U F
R C L Y I M N T W J V X E Z W P Y V A
E N H O C P W H C H E X I T F G F U P
E X Y W H N U S C F H S P L H V C F R
B M Z D L N D F R S T U A Q G F L S V
S H T J R J E B P E K N U A U A B E D
I L A A E C R S R Q Z C P L N V R K Q
N F G J G H O N S U F Y E Z J P K N Q
N W Y F K A E P N A E N K U F L X L K
A N D O Q K A G R N R U D L R H W D P
H N I O T T X Z R Q E R A N E U N B H
O G H I H A I U Z B U N E D I I Z R Q
J V T J Q A W H E Y Z L X T A G V C W
C Q O M C S I L O A A L M F P H J W A
Q J M Y M N A G R V V C I F Q X K X J
T C M A N A Z B G U B T E T F M R R Y
V Z K U Y K E I V X J D O W L K G B N
Y C R B G I A P D G Y K V U X U X B V
J B H N T Y Y N H L B Y V C C R Y W K
```

D	H	H	Y	P	V	U	E	L	N	D	P	D	E	C	W	H	N	H
N	N	X	G	N	O	R	C	A	R	O	L	Y	M	O	H	A	S	P
I	N	A	H	K	N	I	C	O	T	V	U	O	V	M	B	K	Y	C
E	Z	N	W	W	E	W	X	A	K	Q	M	N	V	F	G	D	T	L
T	C	T	N	Z	S	M	G	T	R	R	I	T	J	T	Z	B	L	L
S	O	F	A	E	T	H	K	A	H	C	W	L	I	Y	P	M	G	E
K	B	T	N	L	T	U	D	G	R	H	S	B	E	Y	V	G	N	Z
R	X	G	V	D	P	R	H	R	J	T	K	P	M	L	D	I	U	Z
E	A	E	Y	V	Y	L	A	C	M	S	E	Z	Q	V	C	J	D	H
W	R	H	B	P	B	P	E	G	S	T	M	N	A	K	H	H	O	K
N	G	O	K	S	F	B	K	I	H	T	F	Y	B	T	J	Q	R	A
O	C	E	S	N	Z	B	S	N	P	C	H	E	H	O	W	C	U	F
T	H	L	H	A	Y	N	E	K	J	S	A	C	M	A	N	D	Y	N
E	D	Z	N	K	J	P	V	P	T	O	I	D	I	V	O	S	O	Z
B	I	E	Y	O	I	Z	Q	O	F	L	G	Q	X	S	L	O	A	U
A	R	I	U	N	P	M	N	Y	G	L	U	H	G	O	K	B	N	I
O	R	B	T	I	U	C	I	E	G	E	A	L	Y	M	M	Q	Z	I
W	P	U	L	F	N	Q	W	G	T	A	W	N	U	X	S	S	M	W
K	X	D	J	E	N	D	V	L	E	C	I	U	Z	T	O	J	B	I
C	K	E	C	R	F	Z	V	N	I	Z	I	L	P	U	K	Q	R	V
V	Z	M	U	E	O	V	Z	Y	K	A	I	G	S	R	N	D	Q	R
X	A	X	W	N	Z	M	P	H	B	O	Q	Z	E	S	D	G	N	M
D	A	L	W	X	H	Y	I	Q	B	D	X	B	O	K	I	W	E	V
X	S	K	N	W	L	M	B	S	Q	T	V	H	M	A	I	K	Q	N

WEGLICHT

GARTENBONSAI

RODUNG

BETONWERKSTEIN

DACHGARTEN

BEPFLANZUNGEN

GEHOELZE

SPIELPLATZ

SICHTSCHUTZWAND

KONIFEREN

Lösung

```
D H H Y P V U E L N D P D E C W H N H
N N X G N O R C A R O L Y M O H A S P
I N A H K N I C O T V U O V M B K Y C
E Z N W W E W X A K Q M N V F G D T L
T C T N Z S M G T R R I T J T Z B L L
S O F A E T H K A H C W L I Y P M G E
K B T N L T U D G R H S B E Y V G N Z
R X G V D P R H R J T K P M L D I U Z
E A E Y V Y L A C M S E Z Q V C J D H
W R H B P B P E G S T M N A K H H O K
N G O K S F B K I H T F Y B T J Q R A
O C E S N Z B S N P C H E H O W C U F
T H L H A Y N E K J S A C M A N D Y N
E D Z N K J P V P T O I D I V O S O Z
B I E Y O I Z Q O F L G Q X S L O A U
A R I U N P M N Y G L U H G O K B N I
O R B T I U C I E G E A L Y M M Q Z I
W P U L F N Q W G T A W N U X S S M W
K X D J E N D V L E C I U Z T O J B I
C K E C R F Z V N I Z I L P U K Q R V
V Z M U E O V Z Y K A I G S R N D Q R
X A X W N Z M P H B O Q Z E S D G N M
D A L W X H Y I Q B D X B O K I W E V
X S K N W L M B S Q T V H M A I K Q N
```

O F X X N A M X Z D J G G V N T N I D
A U H C U A R T S R E E B M I H A H M
T C G M S K E Q T V K D V O V P T N W
F S A C M G B R B Y I E F A A R U K Q
D N B G Q Y L I D P R J L T R I R W B
S S F L E K T J F A T O M O M J S T G
J O A Y T J P G D O R G P Q X H T B S
B N L V E P T S D I X B B C E P E J J
M V L G A N I I I J B X E N X T I H O
D D B L R M M D I E K K I I W P N C K
O P E V E Y O C Q U K E Y F T N Z R P
M M H O G B A Z T F S H Y E E L U D
H B A K L W H S N S B R R Z H R N R E
C X E F E M Q G L H E V D X K W F U V
U F L N I H A E Y B J C Y W N A F Q F
A Y T J P K S X Z R K H L N V J A Y F
R N E S S E G L O F V E V A M H P R M
T X R P I N E R E I S I L A G E O Q V
S Z K K Q S F Z Z L P B C A C U T T B
N K Y T N N Q O Z Q P Q R A N Q O V L
E S M S T E B H L M R D Y Z F L I U O
S D L L W N S U B S T R A T E H B H K
O Z B O V D R A R K Z C Z T H M M S D
R L J T K A J R Q V W R H T V T G E E

3

SUBSTRATE

NATURSTEIN

HIMBEERSTRAUCH

EGALISIEREN

BIOTOP

ROSENSTRAUCH

ABFALLBEHAELTER

KIESELSTEINE

ERDARBEITEN

SPIELGERAETE

Lösung

```
O F X X N A M X Z D J G G V N T N I D
A U H C U A R T S R E E B M I H A H M
T C G M S K E Q T V K D V O V P T N W
F S A C M G B R B Y I E F A A R U K Q
D N B G Q Y L I D P R J L T R I R W B
S S F L E K T J F A T O M O M J S T G
J O A Y T J P G D O R G P Q X H T B S
B N L V E P T S D I X B B C E P E J J
M V L G A N I I I J B X E N X T I H O
D D B L R M M D I E K K I I W P N C K
O P E V E Y O C Q U K E Y F T N Z R P
M M H O G B A Z T F T S H Y E E L U D
H B A K L W H S N S B R R Z H R N R E
C X E F E M Q G L H E V D X K W F U V
U F L N I H A E Y B J C Y W N A F Q F
A Y T J P K S X Z R K H L N V J A Y F
R N E S S E G L O F V E V A M H P R M
T X R P I N E R E I S I L A G E O Q V
S Z K K Q S F Z Z L P B C A C U T T B
N K Y T N N Q O Z Q P Q R A N Q O V L
E S M S T E B H L M R D Y Z F L I U O
S D L L W N S U B S T R A T E H B H K
O Z B O V D R A R K Z C Z T H M M S D
R L J T K A J R Q V W R H T V T G E E
```

```
O T C S H C D Y K E O M H A W E L K U
J W X A P K W Y P K M W Q I I H H T X
L I U V P Z P M N R G A D V V E B F Y
N T H L S M M X N P T L F P O F J K H
L G U D J M E E Z J R M W G Y D R G
O V P S S Q K N D B D L K Y E D E K X
Q N O R V C P P T C K U J F L J R A G
N V Z P E E K A K W E A E J H G L K S
C O X U H P R A Z B I O B P A N O S H
N A L W R C C T E A J K V U E U X F V
A F X B X C V L I H L M J X U N K Q S
P E I Q B P P W X K X E R W S E F G O
G Y T U I F U U V V U Y E I C U Q K K
Y K I K L U V S G S E T P B H R X N V
V E F A U C H K K K Z N I E E G H S S
U S N N A B G Q L P K P T E N E H G N
G Z J H U F N P B M B L V L R B L S T
E M Z V Z L E K U A H C S I T E E W Z
Z V H X F B W K J Y X U J Q I Z R M J
R L V X O M T L L P E R N T E N L N Y
U I L B S Y F Y H C I E T N E I L O F
X B V Y I M Y K F W R Z C T N Q E H W
L T H F G G N U R E S S E A W T N E R
J Q L F C E F W C B Q S O W D C C H O
```

ENTWAESSERUNG
KUEBELPFLANZE
SCHAUKEL
PFLUECKEN
BEGRUENUNG

VERTIKUTIERER
VOGELHAEUSCHEN
AZALEE
FOLIENTEICH
ERNTEN

Lösung

```
O T C S H C D Y K E O M H A W E L K U
J W X A P K W Y P K M W Q I I H H T X
L I U V P Z P M N R G A D V V E B F Y
N T H L S M M X N P T L F P O F J K H
L G U D J M E E Z J J R M W G Y D R G
O V P S S Q K N D B D L K Y E D E K X
Q N O R V C P P T C K U J F L J R A G
N V Z P E E K A K W E A E J H G L K S
C O X U H P R A Z B I O B P A N O S H
N A L W R C C T E A J K V U E U X F V
A F X B X C V L I H L M J X U N K Q S
P E I Q B P P W X K X E R W S E F G O
G Y T U I F U U V V U Y E I C U Q K K
Y K I K L U V S G S E T P B H R X N V
V E F A U C H K K K Z N I E E G H S S
U S N N A B G Q L P K P T E N E H G N
G Z J H U F N P B M B L V L R B L S T
E M Z V Z L E K U A H C S I T E E W Z
Z V H X F B W K J Y X U J Q I Z R M J
R L V X O M T L L P E R N T E N L N Y
U I L B S Y F Y H C I E T N E I L O F
X B V Y I M Y K F W R Z C T N Q E H W
L T H F G G N U R E S S E A W T N E R
J Q L F C E F W C B Q S O W D C C H O
```

B	R	D	N	L	Z	C	W	U	C	Q	P	V	C	M	A	D	I	J
L	P	N	K	U	L	T	I	V	I	E	R	E	N	J	G	Y	I	M
N	D	H	G	L	W	R	C	I	B	U	E	I	K	W	Y	F	N	Q
N	H	I	L	K	Z	V	P	Y	G	I	W	P	O	M	O	C	S	N
K	U	E	W	N	I	G	W	R	S	U	S	Y	K	A	A	M	E	H
Y	G	N	N	G	S	B	W	D	S	G	T	V	M	F	X	K	K	O
B	R	P	N	I	P	P	T	R	A	H	R	E	T	N	I	W	T	Y
R	A	H	O	E	R	J	E	W	Y	W	W	D	W	M	E	Z	E	S
X	S	U	R	H	U	U	C	N	E	S	A	Z	M	M	Y	G	N	W
T	E	Q	D	F	E	H	N	T	H	I	S	Y	L	I	A	I	X	W
H	N	C	N	V	H	S	W	K	T	R	S	M	G	I	D	L	W	B
C	A	A	E	T	S	T	C	L	N	N	E	B	A	R	G	M	U	Q
U	N	J	D	Z	C	Q	U	C	S	C	R	F	N	V	V	A	C	O
Z	S	E	O	K	H	Y	K	V	Y	A	P	E	J	F	P	S	O	T
N	A	F	D	L	L	S	K	A	I	F	F	P	C	J	L	D	B	J
E	A	R	O	X	A	H	B	O	T	L	L	K	J	C	W	R	V	E
M	T	Y	H	V	U	H	I	E	V	H	A	V	E	P	Q	M	X	Z
U	W	A	R	O	C	P	Q	N	G	T	N	I	P	E	T	C	Q	E
L	A	Z	G	W	H	F	E	R	B	O	Z	J	A	U	Y	U	W	P
B	S	I	F	H	T	U	X	V	R	Q	E	S	K	H	T	M	O	O
P	A	B	R	L	A	Z	T	X	P	P	N	N	J	L	B	M	Q	B
G	O	X	X	B	Q	Z	X	M	V	Z	N	L	T	M	W	Q	M	K
Q	I	K	N	O	X	Y	O	Y	S	U	B	K	R	I	N	U	U	N
H	C	A	P	B	A	Z	V	P	L	R	E	J	V	T	S	M	Z	D

5

WINTERHART

RASENANSAAT

RHODODENDRON

BLUMENZUCHT

ANBAUEN

WASSERPFLANZEN

INSEKTEN

UMGRABEN

KULTIVIEREN

SPRUEHSCHLAUCH

Lösung

B R D N L Z C W U C Q P V C M A D I J
L P N K U L T I V I E R E N J G Y I M
N D H G L W R C I B U E I K W Y F N Q
N H I L K Z V P Y G I W P O M O C S N
K U E W N I G W R S U S Y K A A M E H
Y G N N G S B W D S G T V M F X K K O
B R P N I P P T R A H R E T N I W T Y
R A H O E R J E W Y W W D W M E Z E S
X S U R H U U C N E S A Z M M M G N W
T E Q D F E H N T H I S Y L I A I X W
H N C N V H S W K T R S M G I D L W B
C A A E T S T C L N N E B A R G M U Q
U N J D Z C Q U C S C R F N V V A C O
Z S E O K H Y K V Y A P E J F P S O T
N A F D L L S K A I F F P C J L D B J
E A R O X A H B O T L L K J C W R V E
M T Y H V U H I E V H A V P E Q M X Z
U W A R O C P Q N G T N I P E T C Q E
L A Z G W H F E R B O Z J A U J U W P
B S I F H T U X V R Q E S K H T M O O
P A B R L A Z T X P P N N J L B M Q B
G O X X B Q Z M V Z N L T M W Q M K K
Q I K N O X Y O Y S U B K R I N U U N
H C A P B A Z V P L R E J V T S M Z D

U	K	B	O	D	E	N	D	E	C	K	E	R	T	V	A	W	X	U
K	T	G	O	H	W	S	A	Q	B	E	K	U	L	C	J	N	X	S
K	U	N	H	K	E	Z	M	T	Q	A	O	I	Z	F	I	K	O	G
C	R	K	O	S	I	J	N	I	M	J	M	W	A	Y	E	N	B	G
T	F	D	E	N	B	J	J	W	G	M	U	A	B	L	E	F	P	A
R	A	B	Y	V	T	Z	A	K	M	A	R	N	X	S	E	U	G	E
X	B	I	J	P	F	U	W	E	C	I	E	C	A	U	Q	N	K	J
G	V	T	G	O	X	R	E	F	X	Z	E	R	H	L	U	N	A	Q
S	L	R	P	S	R	Z	L	E	T	D	L	U	D	T	Q	E	W	D
P	K	T	J	R	K	U	I	E	F	L	J	S	H	M	V	T	Z	E
E	A	T	P	L	A	M	U	U	O	P	F	C	J	H	V	X	D	L
U	V	I	Q	F	B	T	D	R	X	Z	U	N	Q	U	L	E	L	L
N	J	N	C	D	S	I	M	G	C	E	V	R	P	N	H	L	P	E
E	C	H	D	D	S	A	C	E	L	N	B	W	W	K	S	Z	G	T
G	N	C	R	O	Y	C	F	E	O	N	E	D	Y	W	K	R	D	S
B	L	S	I	W	L	A	B	G	G	W	F	T	X	U	C	P	R	R
V	Q	H	C	H	J	D	P	V	Y	L	G	N	F	P	G	S	G	E
E	F	C	Y	V	C	S	D	C	R	Q	D	K	B	X	D	V	S	U
J	F	U	X	Q	Y	V	X	K	N	K	W	T	L	Z	A	S	N	E
Q	A	A	M	U	A	B	P	N	U	A	Z	N	E	T	R	A	G	F
Y	A	R	F	K	Z	I	C	Q	Y	J	Z	L	W	F	C	K	C	B
Z	T	T	I	N	H	C	S	Z	L	E	O	H	E	G	G	O	H	G
H	C	S	C	X	M	S	P	Q	C	C	T	K	J	T	V	W	D	O
J	E	E	J	E	T	R	C	T	R	E	G	O	R	S	E	G	D	K

6

STUETZEN

BELEUCHTUNG

BODENDECKER

BAUM

FEUERSTELLE

APFELBAUM

STRAUCHSCHNITT

ROLLRASEN

GARTENZAUN

GEHOELZSCHNITT

Lösung

```
U K B O D E N D E C K E R T V A W X U
K T G O H W S A Q B E K U L C J N X S
K U N H K E Z M T Q A O I Z F I K O G
C R K O S I J N I M J M W A Y E N B G
T F D E N B J J W G M U A B L E F P A
R A B Y V T Z A K M A R N X S E U G E
X B I J P F U W E C I E C A U Q N K J
G V T G O X R E F X Z E R H L U N A Q
S L R P S R Z L E T D L U D T Q E W D
P K T J R K U I E F L J S H M V T Z E
E A T P L A M U U O P F C J H V X D L
U V I Q F B T D R X Z U N Q U L E L L
N J N C D S I M G C E V R P N H L P E
E C H D D S A C E L N B W W K S Z G T
G N C R O Y C F E O N E D Y W K R D S
B L S I W L A B G G W F T X U C P R R
V Q H C H J D P V Y L G N F P G S G E
E F C Y V C S D C R Q D K B X D V S U
J F U X Q Y V X K N K W T L Z A S N E
Q A A M U A B P N U A Z N E T R A G F
Y A R F K Z I C Q Y J Z L W F C K C B
Z T T I N H C S Z L E O H E G G O H G
H C S C X M S P Q C C T K J T V W D O
J E E J E T R C T R E G O R S E G D K
```

Q A Z S J V V H I D B M I T W T B L U
H C A D N E S S A R R E T V W N A V L L
L A W F P C R O G K P W K S U F C V K
I Z T C W J W D B C H J A A X W E F O
M L C V J S G M B M Z P Z Z X D Q H H
V I K S X V T C Q U I Z X K W D H Y V
T S I T Z M A U E R L K W M G C L B B
R V M H H I S R H O V T J M M H C Z L
O P M W Z F K M H Z I I O K J N D I A
P F Q U Q G F Q R M H G C U N K W U
F U W A S S E R B E C K E N I D M J B
S R F U T P I U P N R B U U U M V Z S
C X R S E K J D I A O Q R T R O A L A
H X Q O I F M O J E A S R Z G G T S C
L X G K V D L H U N X B R V N G S Q K
A N O N M E I G R T T L P F O F M G N
U Y P S G Y B O E S S A F R E S S A W
C L G A L O G R E P Z L O H T M D Q R
H F A A U Y E G E L F P N E T R A G U
Q D D E U D X Q K O M P O S T B H P P
B R T O C M H E S A W T F N B M H V M
N T W D H L G R O F C G P S W Z M P K
N O A E B S J G B K O T Z N X W G H O
H S R U R I Q M N R N K A G Z S G Q N

7

HOLZPERGOLA TROPFSCHLAUCH

LAUBSACK HOLZZAUN

WASSERFASS WASSERBECKEN

KOMPOST TERRASSENDACH

GARTENPFLEGE SITZMAUER

```
Q A Z S J V V H I D B M I T W T B L U
H C A D N E S S A R R E T V W N A V L
L A W F P C R O G K P W K S U F C V K
I Z T C W J W D B C H J A A X W E F O
M L C V J S G M B M Z P Z Z X D Q H H
V I K S X V T C Q U I Z X K W D H Y V
T S I T Z M A U E R L K W M G C L B B
R V M H H I S R H O V T J M M H C Z L
O P M W Z F K M H Z I I O K J N D I A
P F Q U Q Q G F Q R M H G C U N K W U
F U W A S S E R B E C K E N I D M J B
S R F U T P I U P N R B U U U M V Z S
C X R S E K J D I A O Q R T R O A L A
H X Q O I F M O J E A S R Z G G T S C
L X G K V D L H U N X B R V N G S Q K
A N O N M E I G R T T L P F O F M G N
U Y P S G Y B O E S S A F R E S S A W
C L G A L O G R E P Z L O H T M D Q R
H F A A U Y E G E L F P N E T R A G U
Q D D E U D X Q K O M P O S T B H P P
B R T O C M H E S A W T F N B M H V M
N T W D H L G R O F C G P S W Z M P K
N O A E B S J G B K O T Z N X W G H O
H S R U R I Q M N R N K A G Z S G Q N
```

W	C	V	E	B	A	P	V	E	R	M	E	S	S	U	N	G	R	R
D	E	K	O	R	A	T	I	O	N	A	P	N	F	X	P	G	V	X
N	D	V	V	A	O	J	W	G	I	P	S	H	H	H	V	H	Q	W
P	S	O	Y	C	J	R	I	D	B	H	B	I	T	O	T	P	B	M
D	R	C	L	X	N	R	E	T	S	A	L	F	P	R	X	O	M	Z
L	X	V	S	Q	V	G	T	J	L	G	A	D	E	T	I	F	T	T
T	J	C	W	S	D	I	X	P	V	B	V	F	P	E	G	N	Q	U
Z	Y	X	K	P	A	S	J	P	P	N	D	Q	J	N	B	M	O	H
D	L	E	F	R	E	E	B	D	R	E	T	E	E	S	N	A	M	C
G	H	C	U	O	G	E	X	D	Y	H	Q	H	C	I	E	W	N	S
T	R	I	T	T	S	T	U	F	E	N	C	N	U	E	E	E	V	N
Q	L	B	H	Y	E	O	V	I	S	K	A	C	O	O	B	A	H	E
N	F	F	C	V	X	O	X	Q	C	T	E	F	W	A	M	D	O	Z
A	H	Z	L	Y	C	Z	H	E	P	A	P	F	R	M	J	Q	V	N
Q	C	C	V	Q	L	U	O	F	Q	D	B	G	B	N	Z	A	C	A
B	T	Y	F	C	E	L	R	G	Z	R	L	C	H	I	S	O	G	L
Z	E	W	V	G	G	L	E	Z	U	E	L	X	C	A	H	T	M	F
N	E	E	G	I	F	C	Z	N	B	G	C	H	D	B	M	D	U	P
Z	F	Z	A	P	N	D	N	A	L	Y	H	A	G	S	G	J	R	Z
V	B	M	N	K	W	E	K	Z	T	V	I	B	M	G	D	I	K	S
I	Q	F	P	H	N	W	R	J	X	J	Q	V	N	K	A	W	Q	L
L	F	Y	R	I	P	Z	B	H	R	R	F	K	I	I	W	S	P	O
T	M	X	I	K	W	C	B	Q	C	Q	U	C	K	B	I	Q	R	H
W	R	H	U	P	S	S	E	J	T	D	L	G	J	L	C	H	T	B

VERMESSUNG   **ERDBEERFELD**

HORTENSIE   **MAIGLOECKCHEN**

TRITTSTUFEN   **DEKORATION**

KABELGRABEN   **BRUNNEN**

PFLANZENSCHUTZ   **PFLASTERN**

Lösung

W C V E B A P V E R M E S S U N G R R
D E K O R A T I O N A P N F X P G V X
N D V V A O J W G I P S H H H V H Q W
P S O Y C J R I D B H B I T O T P B M
D R C L X N R E T S A L F P R X O M Z
L X V S Q V G T J L G A D E T I F T T
T J C W S D I X P V B V F P E G N Q U
Z Y X K P A S J P P N D Q J N B M O H
D L E F R E E B D R E T E E S N A M C
G H C U O G E X D Y H Q H C I E W N S
T R I T T S T U F E N C N U E E E V N
Q L B H Y E O V I S K A C O O B A H E
N F F C V X O X Q C T E F W A M D O Z
A H Z L Y C Z H E P A P F R M J Q V N
Q C C V Q L U O F Q D B G B N Z A C A
B T Y F C E L R G Z R L C H I S O G L
Z E W V G G L E Z U E L X C A H T M F
N E E G I F C Z N B G C H D B M D U P
Z F Z A P N D N A L Y H A G S G J R Z
V B M N K W E K Z T V I B M G D I K S
I Q F P H N W R J X J Q V N K A W Q L
L F Y R I P Z B H R R F K I I W S P O
T M X I K W C B Q C Q U C K B I Q R H
W R H U P S S E J T D L G J L C H T B

O Z R Q B A Y U X U X E L D L Q X X Z
U Q O T P P F L A N Z E N S E T Z E N
Y T O E E C C Q G H Q U L V U X L N T
B A U M K R O N E D G C F H Y K Y D D
T R D G H B D P J R Y B S B V F R T E
Q L E A R S N C W J M S K E E N Q B M
U Y U J O A H I S D O A R K H I M J G
B E X Z K M K E C P N S K T Z B L G T
A N S V F Z J B L T E R S I J T R J N
S S E Z E B Q V E N D A E B G S W O E
G Q F F F H F N K H M S E W N X Q K H
K D T B U R S R F V O E B Q U O R D E
J N E P Z T E N O K T N P U N L V R A
S G V U E G S V B E U S L B G A R V M
Q T L I N Z F L I H Z P C A E I L R N
Z D N E Y T G N I W H R G B R Z R F E
R E R W V A F Z Y E Z E A C E X J H S
X V N J V A N X E H K N O X B W N H A
I M Y A S V C Z Y R Q G O V F J V A R
T B H S A Z K F E L S E N V H A P G P
Z O U Y C P U T D G F R W V V F G H D
E N Z M S O W B G E U H D D H E C N N
G F B P L Q B W Q Y X J S B P E C L T
Z N Q R G E B H S D P L T J B I P H I

RASENSPRENGER BEREGNUNG
VERSENKREGNER KEILSTUFEN
PFLANZENSETZEN FELSEN
RASENMAEHEN KANTENSTEINE
BEETEINFASSUNG BAUMKRONE

Lösung

O Z R Q B A Y U X U X E L D L Q X X Z
U Q O T P P F L A N Z E N S E T Z E N
Y T O E E C C Q G H Q U L V U X L N T
B A U M K R O N E D G C F H Y K Y D D
T R D G H B D P J R Y B S B V F R T E
Q L E A R S N C W J M S K E E N Q B M
U Y U J O A H I S D O A R K H I M J G
B E X Z K M K E C P N S K T Z B L G T
A N S V F Z J B L T E R S I J T R J N
S S E Z E B Q V E N D A E B G S W O E
G Q F F F H F N K H M S E W N X Q K H
K D T B U R S R F V O E B Q U O R D E
J N E P Z T E N O K T N P U N L V R A
S G V U E G S V B E U S L B G A R V M
Q T L I N Z F L I H Z P C A E I L R N
Z D N E Y T G N I W H R G B R Z R F E
R E R W V A F Z Y E Z E A C E X J H S
X V N J V A N X E H K N O X B W N H A
I M Y A S V C Z Y R Q G O V F J V A R
T B H S A Z K F E L S E N V H A P G P
Z O U Y C P U T D G F R W V V F G H D
E N Z M S O W B G E U H D D H E C N N
G F B P L Q B W Q Y X J S B P E C L T
Z N Q R G E B H S D P L T J B I P H I

E	D	R	E	N	E	Z	N	A	L	F	P	L	M	P	O	V	O	H
I	N	J	S	T	R	V	D	P	H	R	Z	G	X	Z	D	T	A	I
C	E	T	R	E	B	T	E	N	Y	N	D	N	H	F	G	T	P	X
A	R	T	H	N	U	Y	I	I	N	A	L	P	N	E	T	R	A	G
S	T	U	F	E	N	A	E	D	S	L	L	Q	B	J	A	P	G	S
E	D	I	K	X	Z	R	A	A	A	H	N	F	Y	B	A	Z	S	T
Y	N	I	X	V	O	O	U	G	R	F	C	U	T	A	I	Y	M	R
J	P	U	O	L	C	U	V	Z	R	I	C	U	V	Q	I	D	T	A
I	K	U	F	X	H	B	X	S	F	J	M	U	F	E	I	F	Y	U
U	Q	I	Q	H	K	J	T	P	M	O	W	K	W	P	L	I	T	C
V	C	S	K	V	C	W	H	G	K	Z	N	L	D	M	D	M	L	H
O	N	T	X	D	I	K	N	F	T	B	J	Z	A	V	F	T	K	X
E	D	V	U	Y	K	K	A	T	E	E	B	E	S	E	U	M	E	G
D	U	P	F	M	K	K	S	W	E	H	S	A	U	H	A	K	X	F
Z	Q	N	E	H	L	F	P	J	B	K	I	E	S	W	E	G	J	D
B	B	K	I	R	S	C	H	B	A	U	M	G	C	Q	D	H	N	P
Q	P	B	T	D	Q	E	B	T	G	I	W	H	I	D	M	C	C	B
X	R	D	S	F	Q	L	N	Z	I	Y	O	S	V	P	X	T	P	B
E	N	Y	B	K	E	D	R	E	T	A	A	S	N	A	I	D	U	Z
O	Q	E	N	Q	E	Z	U	I	G	I	Q	U	Z	X	W	C	V	U
U	E	A	N	A	T	U	R	S	T	E	I	N	T	R	E	P	P	E
M	Z	V	Y	C	K	D	R	W	M	S	Z	I	S	G	N	I	A	V
L	F	A	U	J	I	V	K	M	T	C	O	C	B	Q	Y	Z	A	Q
D	U	D	C	W	H	N	G	F	J	F	K	P	R	N	T	W	J	M

10

GEMUESEBEET

GARTENPLAN

ANSAATERDE

KIESWEG

STUFEN

NATURSTEINTREPPE

PFLANZENERDE

KIRSCHBAUM

STRAUCH

FUCHSIE

Lösung

E	D	R	E	N	E	Z	N	A	L	F	P	L	M	P	O	V	O	H
I	N	J	S	T	R	V	D	P	H	R	Z	G	X	Z	D	T	A	I
C	E	T	R	E	B	T	E	N	Y	N	D	N	H	F	G	T	P	X
A	R	T	H	N	U	Y	I	I	N	A	L	P	N	E	T	R	A	G
S	T	U	F	E	N	A	E	D	S	L	L	Q	B	J	A	P	G	S
E	D	I	K	X	Z	R	A	A	A	H	N	F	Y	B	A	Z	S	T
Y	N	I	X	V	O	O	U	G	R	F	C	U	T	A	I	Y	M	R
J	P	U	O	L	C	U	V	Z	R	I	C	U	V	Q	I	D	T	A
I	K	U	F	X	H	B	X	S	F	J	M	U	F	E	I	F	Y	U
U	Q	I	Q	H	K	J	T	P	M	O	W	K	W	P	L	I	T	C
V	C	S	K	V	C	W	H	G	K	Z	N	L	D	M	D	M	L	H
O	N	T	X	D	I	K	N	F	T	B	J	Z	A	V	F	T	K	X
E	D	V	U	Y	K	K	A	T	E	E	B	E	S	E	U	M	E	G
D	U	P	F	M	K	K	S	W	E	H	S	A	U	H	A	K	X	F
Z	Q	N	E	H	L	F	P	J	B	K	I	E	S	W	E	G	J	D
B	B	K	I	R	S	C	H	B	A	U	M	G	C	Q	D	H	N	P
Q	P	B	T	D	Q	E	B	T	G	I	W	H	I	D	M	C	C	B
X	R	D	S	F	Q	L	N	Z	I	Y	O	S	V	P	X	T	P	B
E	N	Y	B	K	E	D	R	E	T	A	A	S	N	A	I	D	U	Z
O	Q	E	N	Q	E	Z	U	I	G	I	Q	U	Z	X	W	C	V	U
U	E	A	N	A	T	U	R	S	T	E	I	N	T	R	E	P	P	E
M	Z	V	Y	C	K	D	R	W	M	S	Z	I	S	G	N	I	A	V
L	F	A	U	J	I	V	K	M	T	C	O	C	B	Q	Y	Z	A	Q
D	U	D	C	W	H	N	G	F	J	F	K	P	R	N	T	W	J	M

```
D L O N H E C D E G V M P D G C A P T
R F Y G A R T E N S C H L A U C H U E
U E R L U Q J X N K L K V T U G I Q B
K T P E S U L Y F A X I D A P U M G E
J W R H I X N L E M W E D H A I Z N W
V V A C J B N U G G C S H B E N D D A
L Y F E G J E L Z B U S M L T G Q H E
C E I A N C Z E K A K C P A U B U I S
K P A L U W E B U C W H T T A N R P S
U C X F D D M E Z R N I O T R L I X E
K E H Z E O I O X S D C G L K Z Z G R
H R F N I A J M L I H H M A N V R P U
H N S A R R C N G S K T R U U G I O N
X B U L F O C E D Q S T S S X F Z K G
R Q B F N R C S T B K S Q H L B W B F
A B N P I C P S U E B E R D A C H T R
B J P T E P F A L V O C M D K B N S I
Q J P Y N T F R Q A E R T C F C D Z N
J V L S O B Y R U T K R F P I E B N L
O S H E D S G E L P T L I F J E H Y C
M L V T D D K T L U E H K C F D P U F
O S L K V S L U B E F N Z S U A G C P
G L I J K X P B C E A F Q H C P S X L
A A H N E U P F L A N Z U N G P D D H
```

11

TERRASSENMOEBEL

UNKRAUT

PFLANZFLAECHE

BEWAESSERUNG

KIESSCHICHT

GARTENSCHLAUCH

UEBERDACHT

BLATTLAUS

NEUPFLANZUNG

EINFRIEDUNG

Lösung

```
D L O N H E C D E G V M P D G C A P T
R F Y G A R T E N S C H L A U C H U E
U E R L U Q J X N K L K V T U G I Q B
K T P E S U L Y F A X I D A P U M G E
J W R H I X N L E M W E D H A I Z N W
V V A C J B N U G G C S H B E N D D A
L Y F E G J E L Z B U S M L T G Q H E
C E I A N C Z E K A K C P A U B U I S
K P A L U W E B U C W H T T A N R P S
U C X F D D M E Z R N I O T R L I X E
K E H Z E O I O X S D C G L K Z Z G R
H R F N I A J M L I H H M A N V R P U
H N S A R R C N G S K T R U U G I O N
X B U L F O C E D Q S T S S X F Z K G
R Q B F N R C S T B K S Q H L B W B F
A B N P I C P S U E B E R D A C H T R
B J P T E P F A L V O C M D K B N S I
Q J P Y N T F R Q A E R T C F C D Z N
J V L S O B Y R U T K R F P I E B N L
O S H E D S G E L P T L I F J E H Y C
M L V T D D K T L U E H K C F D P U F
O S L K V S L U B E F N Z S U A G C P
G L I J K X P B C E A F Q H C P S X L
A A H N E U P F L A N Z U N G P D D H
```

12

TEICHPUMPE

GARTENLAMPE

POOL

SAATARBEITEN

IGEL

TROCKENSAAT

SITZBANK

HAENGEMATTE

WIESENANSAAT

BAUMPFLEGE

```
T R J O U P Y H G U W L C S M U O X P
U R H C F N U R C J V B H U O D C U X
L V O F S K D H J I K D Y R M G G Z H
H V T C S B C R Y K F W Z E U R Z B W
F R S P K W A O O P D C G L M N V X P
J S W X S E G L B T I X K P S B F J X
C Z G Q U V N A D L P H D A E A J Y N
D I G Q W E J S T M A T A W J U I V J
O S F I R B J S A M Q T W F S M G U J
U Q Q M A P V R A A A U P L V P E L V
B U T T J V K D E R T E Q L M F R G K
D J O C Q G W T B P U D L M D L C K K
N V P V L M X E A E M N Y L Z E D M W
Q T V B S V I M O A P A Z V Q G H O K
F Y J K S T R E Q W S M L W V E D M U
K V U V E V E C S I V N U N H W D U L
Z Q E N Z Z N Q F I U V A P E K H Y O
D V P P A G G N H R T Y D N H T M H O
L B B C Y Y L P V Q T Z U W E C R G P
K A Q V D B T X A Q A O B Y H S I A I
U R S C E O W U C C W C R A T Z E E G
A Q S Y D F E H X L W R H I N N F I T
K S S G H O R U L E G I C O A K Z K W
G M V F M E E E T T A M E G N E A H K
```

H N V C J M G P O M I Y P V P X F R V
Y C T P T E N O I I H Q H E G O Z M C
E C T C R G L N E L U E A S J H A H K
F S A E C T E G S H P S Q Q W Z D R B
R I E S S U F H B M O K M P I Z G M U
G E Y I J Y C O K D J X F L Q P H A T
O M I K W E A O Q E Z C B T T E G S E
M A T E C N W V T W K N R M B D N R I
T H K K F X E A E B L U M E N T V A S
F L K G F N X M S K L D K E Y I J U J
R U E B J N E P U S C D C G X X O L I
C Q N Q O V A T H L E E R R J N S U W
X T G B W W I S R O B R H B V P H J N
S N T V A H X S S A J R P K R L C F J
A C Z K K C Y V P A G H D U G P A A G
L Z W S L P H I G T N U F K M I D D I
L G M B F H F L I H F S V D P P A E L
Z R D L C A I O A Z G Y A Y Y M E E S
S B B L W M I Z G U Y I U A I H B S T
Z M U A B S H C U B F S I U T X D O P
K N O J N B X L I M H W Z F U D X E I
Z O C L K U M X L L I R G N I E T S P
Z Z N T K T D D O W B Q Q Q W D C L R
L A A E W F C R I B B P S I F L T U F

13

BACHLAUF

BUCHSBAUM

WASSERPUMPE

BLUMEN

GARTENFEIER

HECKE

BLUMENWIESE

STEINGRILL

NASSANSAAT

SAEULEN

Lösung

```
H N V C J M G P O M I Y P V P X F R V
Y C T P T E N O I I H Q H E G O Z M C
E C T C R G L N E L U E A S J H A H K
F S A E C T E G S H P S Q Q W Z D R B
R I E S S U F H B M O K M P I Z G M U
G E Y I J Y C O K D J X F L Q P H A T
O M I K W E A O Q E Z C B T T E G S E
M A T E C N W V T W K N R M B D N R I
T H K K F X E A E B L U M E N T V A S
F L K G F N X M S K L D K E Y I J U J
R U E B J N E P U S C D C G X X O L I
C Q N Q O V A T H L E E R R R S U W
X T G B W W I S R O B R H B V P H J N
S N T V A H X S S A J R P K R L C F J
A C Z K K C Y V P A G H D U G P A A G
L Z W S L P H I G T N U F K M I D D I
L G M B F H F L I H F S V D P P A E L
Z R D L C A I O A Z G Y A Y Y M E E S
S B B L W M I Z G U Y I U A I H B S T
Z M U A B S H C U B F S I U T X D O P
K N O J N B X L I M H W Z F U D X E I
Z O C L K U M X L L I R G N I E T S P
Z Z N T K T D D O W B Q Q Q W D C L R
L A A E W F C R I B B P S I F L T U F
```

R	O	Y	C	G	W	A	S	S	E	R	G	A	R	T	E	N	N	D
I	B	Q	E	O	U	Y	I	A	K	T	L	E	L	P	S	G	K	P
Z	E	I	O	T	N	D	D	L	C	H	F	X	K	Z	D	W	Q	P
R	S	T	Y	C	E	T	B	T	A	Y	X	L	A	R	Z	E	K	D
D	A	K	R	H	N	I	G	X	L	T	W	U	A	P	A	Y	X	Z
R	B	B	U	F	N	A	C	J	X	F	N	I	O	H	Y	P	I	Y
Q	Z	V	L	G	M	E	Z	H	Z	P	N	Q	Y	V	E	Z	O	X
R	Q	B	D	U	E	Y	T	T	R	A	H	W	B	S	N	K	N	N
Z	B	O	D	X	P	L	X	H	R	E	M	T	W	U	W	F	U	N
W	A	Z	R	I	A	K	L	B	C	G	I	W	H	N	P	E	N	T
M	U	M	F	C	P	X	E	E	R	I	Z	N	C	Q	T	Z	Q	J
Q	M	O	U	J	H	I	O	J	U	I	L	G	I	Z	O	K	P	X
O	S	D	U	J	T	J	Z	B	D	C	R	S	L	G	E	O	V	J
G	A	R	T	E	N	T	E	I	C	H	H	I	U	T	U	S	Y	W
W	N	E	N	Q	A	P	P	B	Y	G	N	T	W	A	K	N	V	S
N	I	F	L	Y	S	N	E	S	W	G	D	P	E	I	X	K	G	G
I	E	R	W	L	V	A	A	A	E	B	E	A	M	N	H	X	M	H
E	R	Y	G	T	J	N	A	X	O	S	S	X	S	F	U	C	H	E
M	U	M	Z	A	R	R	A	K	N	K	T	E	R	R	A	S	S	E
I	N	N	E	F	G	F	Z	S	C	P	P	W	S	Q	G	C	E	C
Z	G	N	U	E	U	R	G	E	B	H	C	A	D	D	C	X	M
A	X	K	I	V	D	M	Z	T	T	B	E	J	R	B	N	S	G	H
C	B	Z	I	J	J	Y	L	M	Y	S	V	Q	J	Z	W	Q	F	N
A	V	P	G	Z	T	Y	C	F	P	S	H	Q	R	J	D	M	F	K

14

AUSLICHTEN

WASSERGARTEN

KUGELLEUCHTEN

DRAINARBEITEN

GARTENTEICH

TEICHREINIGUNG

NUETZLINGE

BAUMSANIERUNG

DACHBEGRUENUNG

TERRASSE

Lösung

R O Y C G W A S S E R G A R T E N N D
I B Q E O U Y I A K T L E L P S G K P
Z E I O T N D D L C H F X K Z D W Q P
R S T Y C E T B T A Y X L A R Z E K D
D A K R H N I G X L T W U A P A Y X Z
R B B U F N A C J X F N I O H Y P I Y
Q Z V L G M E Z H Z P N Q Y V E Z O X
R Q B D U E Y T T R A H W B S H K N N
Z B O D X P L X H R E M T W U W F U N
W A Z R I A K L B C G I W H N P E N T
M U M F C P X E E R I Z N C Q T Z Q J
Q M O U J H I O J U I L G I Z O K P X
O S D U J T J Z B D C R S L G E O V J
G A R T E N T E I C H H I U T U S Y W
W N E N Q A P P B Y G N T W A K N V S
N I F L Y S N E S W G D P E I X K G G
I E R W L V A A A E B E A M N H X M H
E R Y G T J N A X O S S X S F U C H E
M U M Z A R R A K N K T E R R A S S E
I N N E F G F Z S C P P W S Q G C E C
Z G N U N E U R G E B H C A D D C X M
A X K I V D M Z T T B E J R B N S G H
C B Z I J J Y L M Y S V Q J Z W Q F N
A V P G Z T Y C F P S H Q R J D M F K

S C Y N B M L X O O F R D J N Z P A F
L D E S Y Y U M D B D R P H E S S S P
B Y Z Q J Q N A X R A P G O J Y U L M
N C Y W Z P V U B I F K M Q Y D Q Y W
W C E Y M M B Q N Z D J P M K C Z O F
T Z G O U E X A F V H F R H I L O G C
A Q C A U Z G A U F L R C S W J R G A
M O L A C E J X L A V U C A V J P S B
Q R E A R N T O S H A N S I H P N B N
B C C L Q Z E T R R I S Z P A J G N C
R C N E F W E B T Y E X Q L Z W G E J
T K G X Z R K S A R S M F D C Z L T R
Y Z Y U S E N T R R B L I J Y E B F V
M A W T Z E B O O B G U J Q U R U E O
Z Q E W T Q H N F K F M T J J X W U H
I I P A T R W D W R J F U P O S O L X
N F M E N E D A S I L A P Z L O H N V
F O U G Y H I Q M C C Y H Y B U U E T
T A Q Q F X J G A Y P R I P T W D S H
L T X Z B D R G C L A V Z P G V E A L
U E Z B K G N U Z N A L F P E B O R D
T S E U R E G R E T T E L K T Y T T J
I C Y W T P E G A R T E N H A U S W S
N N K Q D Y S J Q B W K M S Z K H Z K

15

UMGRABEN

GARTENHAUS

HOLZPALISADEN

KLETTERGERUEST

PFLASTERSTEIN

DRAINAGE

TOMATENSTRAUCH

WASSERROHR

BEPFLANZUNG

RASENLUEFTEN

Lösung

```
S C Y N B M L X O O F R D J N Z P A F
L D E S Y Y U M D B D R P H E S S S P
B Y Z Q J Q N A X R A P G O J Y U L M
N C Y W Z P V U B I F K M Q Y D Q Y W
W C E Y M M B Q N Z D J P M K C Z O F
T Z G O U E X A F V H F R H I L O G C
A Q C A U Z G A U F L R C S W J R G A
M O L A C E J X L A V U C A V J P S B
Q R E A R N T O S H A N S I H P N B N
B C C L Q Z E T R R I S Z P A J G N C
R C N E F W E B T Y E X Q L Z W G E J
T K G X Z R K S A R S M F D C Z L T R
Y Z Y U S E N T R R B L I J Y E B F V
M A W T Z E B O O B G U J Q U R U E O
Z Q E W T Q H N F K F M T J Z X W U H
I I P A T R W D W R J F U P O S O L X
N F M E N E D A S I L A P Z L O H N V
F O U G Y H I Q M C C Y H Y B U U E T
T A Q Q F X J G A Y P R I P T W D S H
L T X Z B D R G C L A V Z P G V E A L
U E Z B K G N U Z N A L F P E B O R D
T S E U R E G R E T T E L K T Y T T J
I C Y W T P E G A R T E N H A U S W S
N N K Q D Y S J Q B W K M S Z K H Z K
```

N	M	T	T	I	N	H	C	S	N	E	K	C	E	H	I	G	X	E
G	I	L	W	I	E	I	B	F	W	Y	R	G	A	E	E	T	U	W
W	N	O	N	Y	T	C	M	V	T	V	R	Y	Z	R	O	A	Y	L
M	O	N	D	L	I	C	H	T	P	H	M	I	B	H	M	A	Q	C
K	F	D	Z	L	S	G	I	H	M	F	V	E	U	R	A	S	T	P
G	G	C	U	M	K	N	A	V	E	R	R	Y	K	N	P	S	R	B
X	F	Q	O	M	Y	N	X	L	Z	A	Y	G	P	J	J	U	E	M
K	X	M	U	S	C	H	E	L	K	A	L	K	A	L	R	A	G	K
K	A	P	V	R	M	I	X	V	V	H	Y	C	D	E	G	Y	E	J
I	Q	V	X	X	K	Z	R	Y	R	O	V	C	B	Z	W	K	N	A
Z	M	U	T	B	H	U	W	V	H	M	M	M	K	G	U	P	W	W
G	F	K	S	D	A	E	K	A	V	F	C	D	J	A	F	I	U	Q
Q	C	R	G	I	C	M	O	G	U	L	J	D	K	X	K	Z	R	O
I	I	C	E	I	V	G	A	R	T	E	N	W	E	G	E	I	M	D
W	S	E	T	W	D	V	A	S	C	A	M	D	I	V	N	N	K	Y
H	V	U	D	B	E	F	I	C	I	N	W	Z	L	S	H	C	E	K
B	B	O	M	U	T	T	E	R	B	O	D	E	N	Y	C	M	H	P
C	J	S	R	S	S	X	X	L	A	E	T	S	S	S	W	D	Z	R
S	F	S	W	F	S	B	A	U	M	S	T	U	M	P	F		Z	R
X	T	S	U	I	J	W	E	E	Y	F	W	U	P	F	B	A	N	G
V	C	H	N	P	T	I	A	S	Q	W	H	H	X	H	P	X	L	Y
C	L	N	G	S	N	B	S	B	M	Y	H	L	D	G	C	H	T	B
Y	Y	E	V	S	A	N	D	X	I	D	Q	Q	X	T	B	Q	G	P
B	J	S	U	I	M	D	Q	X	K	C	U	E	Q	I	P	G	O	G

16

GERBERA

GARTENWEGE

MUSCHELKALK

HECKENSCHNITT

BAUMSTUMPF

REGENWURM

AUSSAAT

MONDLICHT

MUTTERBODEN

SAND

Lösung

N	M	T	T	I	N	H	C	S	N	E	K	C	E	H	I	G	X	E
G	I	L	W	I	E	I	B	F	W	Y	R	G	A	E	E	T	U	W
W	N	O	N	Y	T	C	M	V	T	V	R	Y	Z	R	O	A	Y	L
M	O	N	D	L	I	C	H	T	P	H	M	I	B	H	M	A	Q	C
K	F	D	Z	L	S	G	I	H	M	F	V	E	U	R	A	S	T	P
G	G	C	U	M	K	N	A	V	E	R	R	Y	K	N	P	S	R	B
X	F	Q	O	M	Y	N	X	L	Z	A	Y	G	P	J	J	U	E	M
K	X	M	U	S	C	H	E	L	K	A	L	K	A	L	R	A	G	K
K	A	P	V	R	M	I	X	V	V	H	Y	C	D	E	G	Y	E	J
I	Q	V	X	X	K	Z	R	Y	R	O	V	C	B	Z	W	K	N	A
Z	M	U	T	B	H	U	W	V	H	M	M	M	K	G	U	P	W	W
G	F	K	S	D	A	E	K	A	V	F	C	D	J	A	F	I	U	Q
Q	C	R	G	I	C	M	O	G	U	L	J	D	K	X	K	Z	R	O
I	I	C	E	I	V	G	A	R	T	E	N	W	E	G	E	I	M	D
W	S	E	T	W	D	V	A	S	C	A	M	D	I	V	N	N	K	Y
H	V	U	D	B	E	F	I	C	I	N	W	Z	L	S	H	C	E	K
B	B	O	M	U	T	T	E	R	B	O	D	E	N	Y	C	M	H	P
C	J	S	R	S	S	X	X	L	A	E	T	S	S	S	W	D	Z	R
S	F	S	W	F	S	B	A	U	M	S	T	U	M	P	F	Z	R
X	T	S	U	I	J	W	E	E	Y	F	W	U	P	F	B	A	N	G
V	C	H	N	P	T	I	A	S	Q	W	H	H	X	H	P	X	L	Y
C	L	N	G	S	N	B	S	B	M	Y	H	L	D	G	C	H	T	B
Y	Y	E	V	S	A	N	D	X	I	D	Q	Q	X	T	B	Q	G	P
B	J	S	U	I	M	D	Q	X	K	C	U	E	Q	I	P	G	O	G

G L N B G X Y J O T D R D O C H P L P
I I J W K L I N K E R I C G X M I J X
E S C U Z S X Q I M V K T G S B L S I
A H Y N V W U L X X U K T C R Q W K B
D S X P P O T Q V B T Q V S I V D O N
R I H T A U D S E O J O M X N V G Y R
P C S S G W C J L X O M R D D K B H Q
T A A B B P D Q V E W U Y B E Z O T U
W B N L L T P W I E U O L R N D L C S
P K P R Q H B M Q E R M I B M L I O M
R S N B A C D U J P Z K O D U O C Y F
N A V Q N I N F N B E W F U L V H F P
A U M Z G H L O Y W L U B Y C W T K B
H N V G B C G P Z E B U H C H Q S E E
W A P T K S A A Q Q E X C A E Q T E H
F H Z M I K R E T M R E Z S W S E K S
U Ä E E Y C T L M F E F B B E E I R I
H U E I V E E S U Y I B R Q Z X N R F
X S Z A K D N K A V C G I E C Q E A T
S C G U W D B D B R H N T E I Z R Q C
L H X M T Z A D N E F L C C N Z N N M
Y E V H O X N Y R Y A Y I T J E E T J
F N B R R J K F I B G L E S L I N I Z
R D J Q M M M Z B W C N J B Q V Z X T

17

BIENEN
RINDENMULCH
DECKSCHICHT
BIRNBAUM
GARTENBANK

KLINKER
LICHTSTEINE
SAUNAHÄUSCHEN
WURZELBEREICH
FREIZEIT

Lösung

G L N B G X Y J O T D R D O C H P L P
I I J W K L I N K E R I C G X M I J X
E S C U Z S X Q I M V K T G S B L S I
A H Y N V W U L X X U K T C R Q W K B
D S X P P O T Q V B T Q V S I V D O N
R I H T A U D S E O J O M X N V G Y R
P C S S G W C J L X O M R D D K B H Q
T A A B B P D Q V E W U Y B E Z O T U
W B N L L T P W I E U O L R N D L C S
P K P R Q H B M Q E R M I B M L I O M
R S N B A C D U J P Z K O D U O C Y F
N A V Q N I N F N B E W F U L V H F P
A U M Z G H L O Y W L U B Y C W T K B
H N V G B C G P Z E B U H C H Q S E E
W A P T K S A A Q Q E X C A E Q T E H
F H Z M I K R E T M R E Z S W S E K S
U Ä E E Y C T L M F E F B B E E I R I
H U E I V E E S U Y I B R Q Z X N R F
X S Z A K D N K A V C G I E C Q E A T
S C G U W D B D B R H N T E I Z R Q C
L H X M T Z A D N E F L C C N Z N N M
Y E V H O X N Y R Y A Y I T J E E T J
F N B R R J K F I B G L E S L I N I Z
R D J Q M M M M Z B W C N J B Q V Z X T

H J I Q X I B W Q M V H K O Y I N J N
S A P X I M L Q V T E U B X E F Z P E
V U O R H P K V A G G Y M G H C T T Q
Q P H A J X N B G Q A Y M P D G J A W
R D F E H Q G F P L G Z W E W U A Z
W R H T O L S I R E G N E U D M E S G
O T U M I T K L X V D T M U U P G T L
I D W F O E Q J F P F V T W X N Q A E
G Q W V Q Q B F L P U O U P Z F B J D
S Q V N V A J R O T D C N E Q X K F G
C G O Z N T F Y A Z R Y Q H S U W W D
T P L T R E P P E N S T U F E N X A S
P F H R E F E A K N E H C N E I R A M
D K U B B D T I E C E T I U O I B P E
X B T O F L Z L M W O T R T A D C C X
O B S N A L E U S J A Z R A M D F E N
N C E I C T I W D C C Y A A G G G J J
E L G I A J G D X X N S O I G A O Y V
D G E B K O U K I B E E W F R R I O M
U L I F Z A H J U Y F G S C Z I O C N
A B L L F N E Z N A L F P M U A B V T
T E V O L P O A U V I D D E N U E A Z
S E W H Z D U Z A Z R K S D B T K D L
U T H Q S D T Y L W W T C S O G H N Z

18

LIEGESTUHL
ZAEUNE
STAUDEN
TREPPENSTUFEN
BAUMPFLANZEN

DUENGER
VORGARTEN
BEET
GARTENARBEIT
MARIENCHENKAEFER

Lösung

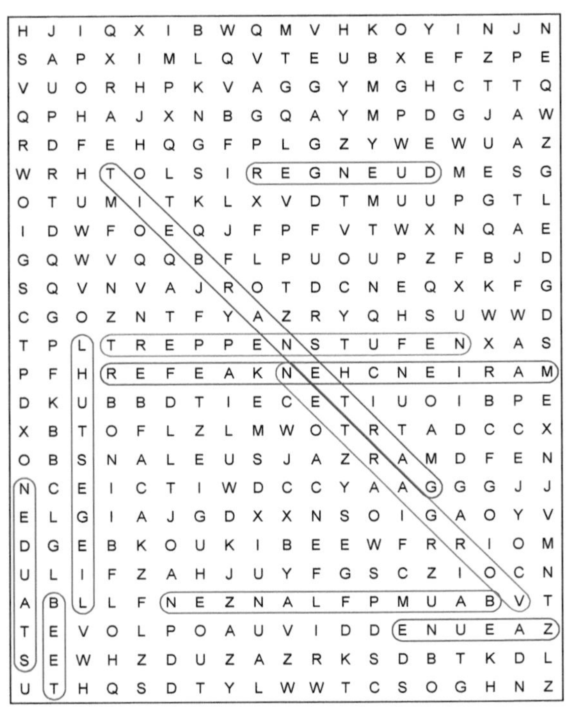

DAS

GRILLEN

WORTSUCHRÄTSEL BUCH

DREHSPIESS   HOLZBACKOFEN

CHICKEN WINGS   PUTENBRUST

PAPRIKA GEWUERZ   GARPUNKT

FRIKADELLE   BACON

MAISKOHLE   KETCHUP

Lösung

```
C O L R A T R D F R I K A D E L L E L
A M B S S E I P S H E R D S F P Z A D
F N T I A D G E J A F S M W A N T U H
J E I U L B H D K Q H H S A Q Q J J A
R W T Q O G H I P P D T I I C H L G T
X W T U L U R P B V S N B Z U E U Y H S
T A L Y A P X H Z N J Y X O H K G L Z
B S T E A A H E V M Y S L F Y V L L X
B A U P L L Q G M Y N L S A J T D O Z
I I P R E H K G M B D N R G K X C I B
J I N U B N O Z R E U W E G Y H M P Q
K O K H H N O K B C Z R H X I I L H N
H Q L Q R C E C S D X N O C S G O G Z
G M U G J Z T T A I H S K J T C V S L
V E S T V I G E U B A E Z K F L N D F
H Z L G F H D F K P N M N W J L Q N E
T T E B B Q S E A I T U O W O Z B J X
L E E U D G X M B G P A V R B X G L J
H F V B I Q N L I R E F Z D U P U C T
P J I Y V J K Q A P W R V I R N R G Q
W I N G S R R G C X F U A Y Z D T R V
W N B Y Q R K G S N U Z L M C E A H B
J J W U C C R P J D N B E B C L A S A
H O L Z B A C K O F E N X X B V Z Q O
```

R P H H G K I N D P D U U S B E R H V
E R K G U X N O J C S M H D H C J S O
T Z B F A N Q I T R K X L C H B R Q T
E E G P H E I K S P T Z R M K C A X H
M P Y I O K N P N O E A S P N Q K G H
O P R Y T N E I C I O Q P L F I Q L U
M L O C R I K K T Y Z Q H O D P U H G
R A S B M H C A R M H Q D H K H J N Z
E N S Q W C A T Q A C A C B S V Z K L
H C P M F S B I J P U C P V W F V W O
T H B R N F O S L B G T T U G D I Y H
L A U I E U V G A J P R S K K S U R N
L I Y F Y N F N J P O F E A X P K B R
I F Z K Q A A S B Q E J M T L X D X E
R V Q D D M H N E I X R D H Y A B V D
G H Y S D C F C A B G Q T Q L C T U E
A D H J Q A S O O B I X M N R M Q D Z
O G E S E P A C X K L E P F J T M D A
U T U M U P U S D G X L A K V Z U B V
Q W X T F B C U P Y T D I Y I Y C R R
Q Y U C O W E R B B Q G X R H N A M E
N O I T A T S L L I R G L D G D W U Z
B H I S Y Z F S I N G N H I T U N H A
U W S I Q N X Z B Q U I X D M J S G T

2

GRILLSTATION

SCHINKEN

BACKEN

PLANCHA

ZEDERNHOLZ

KRAUTSALAT

GYROS

GRILLTHERMOMETER

GRILLBANANE

SAUCE

Lösung

```
R  P  H  H  G  K  I  N  D  P  D  U  U  S  B  E  B  H  V
E  R  K  G  U  X  N  O  J  C  S  M  H  D  H  C  J  S  O
T  Z  B  F  A  N  Q  I  T  R  K  X  L  C  H  B  R  Q  T
E  E  G  P  H  E  I  K  S  P  T  Z  M  R  M  K  C  A  X  H
M  P  Y  I  O  K  N  P  N  O  E  A  S  P  N  Q  K  G  H
O  P  R  Y  T  N  E  I  C  I  O  Q  P  L  F  I  Q  L  U
M  L  O  C  R  I  K  T  Y  Z  Q  H  O  D  P  U  H  G
R  A  S  B  M  H  C  A  R  M  H  Q  D  H  K  H  J  N  Z
E  N  S  Q  W  C  A  T  Q  A  C  A  C  B  S  V  Z  K  L
H  C  P  M  F  S  B  I  J  P  U  C  P  V  W  F  V  W  O
T  H  B  R  N  F  O  S  L  B  G  T  T  U  G  D  I  Y  H
L  A  U  I  E  U  V  G  A  J  P  R  S  K  K  S  U  R  N
L  I  Y  F  Y  N  F  N  J  P  O  F  E  A  X  P  K  B  R
I  F  Z  K  Q  A  A  S  B  Q  E  J  M  T  L  X  D  X  E
R  V  Q  D  D  M  H  N  E  I  X  R  D  H  Y  A  B  V  D
G  H  Y  S  D  C  F  C  A  B  G  Q  T  Q  L  C  T  U  E
A  D  H  J  Q  A  S  O  O  B  I  X  M  N  R  M  Q  Z
O  G  E  S  E  P  A  C  X  K  L  E  P  F  J  T  M  D  A
U  T  U  M  U  P  U  S  D  G  X  L  A  K  V  Z  U  B  V
Q  W  X  T  F  B  C  U  P  Y  T  D  I  Y  I  Y  C  R  R
Q  Y  U  C  O  W  E  R  B  B  Q  G  G  X  R  H  N  A  M  E
N  O  I  T  A  T  S  L  L  I  R  G  L  D  G  D  W  U  Z
B  H  I  S  Y  Z  F  S  I  N  G  N  H  I  T  U  N  H  A
U  W  S  I  Q  N  X  Z  B  Q  U  I  X  D  M  J  S  G  T
```

E T N L O B L Z V M F V F X T B J B R
D C W V Q J J P M A G K X V E C P G O
X K T P I U H Z Y Z X V J O D L X E D
N W E J X X I R D L W U W N Y K E P F
B C R U E T T A L P L L I R G V P K J
B A R V T R I D L I A G M X H Z U K G
V P A G R I L L S P I E S S E B S F R
Z C S R E X U W F F R O M L N L V U I
F W S O V L S Z Z B A C O N G O G C L
A I E E N N A F P L L I R G S S U R L
V J I W C K T X W T L T N T Z W W C B
A B V S F J C T P Z V H S S L Y U I Y
K O J W G T S W J X N U X A R Z U I E
I M V A D R P B C Z R F S S O E C U K
R B Z N B O V W R B C Z P G B G T J Z
P V F L W P K Q N M F R W V E I W H I
A J X G V F Q E O Z D X X H R V T Q G
P V T W M S H P P W F I W Q H Y B F P
L E I G C C Y Z N K Y W S V I K A G A
L C C A N H Q L Z S P K Z Y T Z A Q O
I S C H I A V D E G A Y R D Z T K L P
R T E A W L V P R W M C H U E D W F D
G A D L O E W I K B Q I Y W B E V E Z
H H A J N M H D Y U L B T D O Q Y Z A

TROPFSCHALE   TERRASSE
GRILLSPIESSE   DRYAGED
GRILLPLATTE   GRILLPAPRIKA
OBERHITZE GRILL   HAEHNCHENBRUST
BACON BOMB   GRILLPFANNE

Lösung

```
E T N L O B L Z V M F V F X T B J B R
D C W V Q J J P M A G K X V E C P G O
X K T P I U H Z Y Z X V J O D L X E D
N W E J X X I R D L W U W N Y K E P F
B C R U E T T A L P L L I R G V P K J
B A R V T R I D L I A G M X H Z U K G
V P A G R I L L S P I E S S E B S F R
Z C S R E X U W F F R O M L N L V U I
F W S O V L S Z Z B A C O N G O G C L
A I E E N N A F P L L I R G S S U R L
V J I W C K T X W T L T N T Z W W C B
A B V S F J C T P Z V H S S L Y U I Y
K O J W G T S W J X N U X A R Z U I E
I M V A D R P B C Z R F S S O E C U K
R B Z N B O V W R B C Z P G B G T J Z
P V F L W P K Q N M F R W V E I W H I
A J X G V F Q E O Z D X X H R V T Q G
P V T W M S H P W F I W Q H Y B F P
L E I G C C Y Z N K Y W S V I K A G A
L C C A N H Q L Z S P K Z Y T Z A Q O
I S C H I A V D E G A Y R D Z T K L P
R T E A W L V P R W M C H U E D W F D
G A D L O E W I K B Q I Y W B E V E Z
H H A J N M H D Y U L B T D O Q Y Z A
```

P	O	H	C	S	I	E	L	F	D	N	I	R	R	M	C	Z	O	W
A	W	M	N	C	A	J	Q	N	G	P	B	K	Y	W	V	N	V	M
E	S	A	H	B	H	J	A	C	X	K	G	S	J	F	U	Q	H	B
A	C	A	E	V	K	B	C	H	R	A	M	O	V	Y	C	I	H	S
D	H	C	Z	Q	W	D	M	D	A	G	Q	T	B	G	R	M	R	L
C	W	Z	I	O	Z	H	M	W	O	H	Y	Y	B	I	S	K	Q	L
S	E	N	Q	T	P	Z	H	E	X	E	M	H	Q	U	K	X	A	A
P	I	E	N	D	Q	W	W	P	J	D	C	E	V	G	L	H	E	U
N	N	D	P	J	S	I	C	T	R	N	I	F	Q	M	W	P	M	R
R	E	T	O	C	R	E	V	A	U	E	N	W	G	E	G	B	A	Q
Y	B	B	W	N	U	B	N	X	R	N	L	W	I	S	J	N	R	D
Q	A	B	L	I	A	E	E	L	H	E	N	Z	Y	A	R	H	I	V
R	U	L	N	O	X	L	E	O	K	H	B	A	C	P	S	L	N	F
S	C	A	O	T	K	N	J	C	T	C	O	U	Y	N	L	R	I	D
M	H	L	B	T	Q	S	E	F	E	O	G	W	O	O	M	K	E	S
A	S	S	T	H	I	D	I	C	U	W	R	Q	F	I	Q	P	R	V
U	J	T	L	R	L	L	H	A	P	E	V	J	R	C	O	K	S	X
E	W	L	D	L	P	O	J	O	M	K	L	K	H	C	G	E	P	J
A	V	F	I	C	R	N	E	U	G	G	J	L	L	C	K	I	R	I
S	T	R	G	K	U	L	K	X	V	D	H	C	U	B	X	I	I	U
I	G	J	J	Q	E	Z	F	B	C	V	J	Y	L	N	X	J	T	H
X	O	V	K	L	E	Y	R	T	F	C	D	O	K	G	G	D	Z	S
L	D	P	I	V	R	U	F	O	J	R	B	N	H	V	D	P	E	D
J	Z	Q	Q	X	C	D	P	D	F	Z	O	C	Q	U	V	J	B	X

OELE

RINDFLEISCH

GRILLDECKEL

MARINIERSPRITZE

MAISKOLBEN

BBQ

WOCHENENDE

FUELLUNG

ZWIEBELN

SCHWEINEBAUCH

Lösung

```
P O H C S I E L F D N I R R M C Z O W
A W M N C A J Q N G P B K Y W V N V M
E S A H B H J A C X K G S J F U Q H B
A C A E V K B C H R A M O V Y C I H S
D H C Z Q W D M D A G Q T B G R M R L
C W Z I O Z H M W O H Y Y B I S K Q L
S E N Q T P Z H E X E M H Q U K X A A
P I E N D Q W W P J D C E V G L H E U
N N D P J S I C T R N I F Q M W P M R
R E T O C R E V A U E N W G E G B A Q
Y B B W N U B N X R N L W I S J N R D
Q A B L I A E E L H E N Z Y A R H I V
R U L N O X L E O K H B A C P S L N F
S C A O T K N J C T C O U Y N L R I D
M H L B T Q S E F E O G W O O M K E S
A S S T H I D I C U W R Q F I Q P R V
U J T L R L L H A P E V J R C O K S X
E W L D L P O J O M K L K H C G E P J
A V F I C R N E U G G J L L C K I R I
S T R G K U L K X V D H C U B X I I U
I G J J Q E Z F B C V J Y L N X J T H
X O V K L E Y R T F C D O K G G D Z S
L D P I V R U F O J R B N H V D P E D
J Z Q Q X C D P D F Z O C Q U V J B X
```

E	J	Q	Z	Z	S	C	H	M	O	R	E	N	O	U	O	K	B	I
H	U	C	O	G	S	P	A	R	E	R	I	B	S	W	R	X	W	L
C	D	T	W	K	R	A	S	L	Y	L	C	N	E	O	J	A	J	J
R	X	E	G	R	K	L	Q	A	U	Q	U	V	E	R	O	M	X	C
X	H	N	R	O	W	Z	I	E	E	U	Z	S	S	M	I	Z	O	R
Y	U	C	N	F	H	G	U	D	C	U	T	V	X	M	N	L	U	K
R	J	Q	P	J	Y	N	Z	U	S	A	L	T	P	E	O	N	L	D
F	G	P	I	I	D	M	A	P	R	C	A	E	M	R	M	U	Y	C
I	V	C	W	Z	L	M	S	O	L	J	I	Y	N	Q	Z	B	G	A
V	Z	E	T	T	O	Z	M	F	H	U	N	X	U	G	G	T	J	D
V	N	M	X	U	H	E	P	G	E	P	S	N	A	C	R	V	C	Q
V	Z	V	Q	L	N	Q	Q	V	C	U	C	R	B	C	I	I	X	U
M	C	A	Z	G	A	A	U	N	T	E	Y	B	F	B	M	L	J
Y	A	P	Q	M	I	M	U	W	K	A	S	R	N	N	P	D	I	L
S	J	C	W	E	B	S	O	G	I	N	X	M	D	R	X	W	F	E
L	N	B	T	T	K	C	P	H	Z	J	F	F	V	O	L	D	R	G
C	T	T	N	S	L	O	G	K	B	Q	F	H	X	C	L	Q	L	V
H	B	H	G	C	W	D	R	R	E	M	M	A	K	T	P	U	A	H
P	J	P	W	N	V	T	X	A	K	I	R	P	A	P	J	T	W	D
G	F	K	K	T	W	B	G	D	X	F	T	W	I	F	N	F	E	Y
O	N	I	W	A	T	E	R	S	M	O	K	E	R	G	V	E	A	S
Q	P	A	D	L	I	V	H	O	Z	R	I	R	Z	Z	R	M	I	C
V	D	G	M	W	E	S	E	U	M	E	G	L	L	I	R	G	U	B
M	M	J	H	I	I	R	G	J	W	K	O	S	L	Q	R	E	F	P

5

GLUT

WATERSMOKER

FEUER

ROESTAROMEN

SAEULENGRILL

HAUPTKAMMER

PAPRIKA

SCHMOREN

SPARERIBS

GRILLGEMUESE

Lösung

E J Q Z Z S C H M O R E N O U O K B I
H U C O G S P A R E R I B S W R X W L
C D T W K R A S L Y L C N E O J A J J
R X E G R K L Q A Q U V E R O M X C
X H N R O W Z I E E U Z S S M I Z O R
Y U C N F H G U D C U T V X M N L U K
R J Q P J Y N Z U S A L T P E O N L D
F G P I I D M A P R C A E M R M U Y C
I V C W Z L M S O L J I Y N Q Z B G A
V Z E T T O Z M F H U N X U G G T J D
V N M X U H E P G E P S N A C R V C Q
V Z V Q L N Q Q V C U C R B C I I X U
M C A Z G A A U U N T E Y B F B M L J
Y A P Q M I M U W K A S R N N P D I L
S J C W E B S O G I N X M D R X W F E
L N B T T K C P H Z J F F V O L D R G
C T T N S L O G K B Q F H X C L Q L V
H B H G C W D R R E M M A K T P U A H
P J P W N V T X A K I R P A P J T W D
G F K K T W B G D X F T W I F N F E Y
O N I W A T E R S M O K E R G V E A S
Q P A D L I V H O Z R I R Z Z R M I C
V D G M W E S E U M E G L L I R G U B
M M J H I I R G J W K O S L Q R E F P

O L R E M B P Y I D Z M X P W C A W B
K O E X K A X R I V H G B J N W N T G
K V G E S B N L M C P Z C T O R O R S
J D R I E R X P E S V F O M E V H A Q
T S U N Q B F P A T W C X H J R Y M W
Q E B B B X S L V N G I C Y N P F W I
K Z P R Z K A W W R J U V R D Y M K L
E D D E O T N I S S E S X J T P Q B C
L P I N P X E W T A H G P V I J T A I
A T F N T P H N R L P B O I R F C R O
B J W E G O C Z P V R H O C W U F B R
F X S N N H T D J T K T B W K F H E N
O K H A E L S Y K Z J W V A A U I C S
H O J S T X R N F X B L E N T X S U W
E O T F A N E O O J J T S Y M C V E O
H I O P R I U W D L S S F L X Y W Z A
P G P W B A W A K N A D D E K P P W Z
W I S J Y K D L E S D F U Z S A L Z P
F E T Q C H O K U X W A L L V X M Y J
C I O C L G C A O O M K E D D I J H H
R S H A A A Y Q Q U I I W V Q D L M P
V R D B N C D L Z Q X S B A F G I H I
V V B A M W R S X G J M O Q Z D Z N A
I S K P S E Q Y I T D A W G W H K Z L

6

BARBECUE

EINBRENNEN

BRATEN

SALAT

HOTSPOT

NACKENSTEAK

SALZ

WUERSTCHEN

BURGER

RAEUCHERN

Lösung

O	L	R	E	M	B	P	Y	I	D	Z	M	X	P	W	C	A	W	B
K	O	E	X	K	A	X	R	I	V	H	G	B	J	N	W	N	T	G
K	V	G	E	S	B	N	L	M	C	P	Z	C	T	O	R	O	R	S
J	D	R	I	E	R	X	P	E	S	V	F	O	M	E	V	H	A	Q
T	S	U	N	Q	B	F	P	A	T	W	C	X	H	J	R	Y	M	W
Q	E	B	B	B	X	S	L	V	N	G	I	C	Y	N	P	F	W	I
K	Z	P	R	Z	K	A	W	W	R	J	U	V	R	D	Y	M	K	L
E	D	D	E	O	T	N	I	S	S	E	S	X	J	T	P	Q	B	C
L	P	I	N	P	X	E	W	T	A	H	G	P	V	I	J	T	A	I
A	T	F	N	T	P	H	N	R	L	P	B	O	I	R	F	C	R	O
B	J	W	E	G	O	C	Z	P	V	W	R	H	O	C	W	U	F	R
F	X	S	N	N	H	T	D	J	T	K	T	B	W	K	F	H	E	N
O	K	H	A	E	L	S	Y	K	Z	J	W	A	A	U	I	C	S	S
H	O	J	S	T	X	R	N	F	X	B	L	E	N	T	X	S	U	W
E	O	T	F	A	N	E	O	O	J	J	T	S	Y	M	C	V	E	O
H	I	O	P	R	I	U	W	D	L	S	S	F	L	X	Y	W	Z	A
P	G	P	W	B	A	W	A	K	N	A	D	D	E	K	P	P	W	Z
W	I	S	J	Y	K	D	L	E	S	D	F	U	Z	S	A	L	Z	P
F	E	T	Q	C	H	O	K	U	X	W	A	L	L	V	X	M	Y	J
C	I	O	C	L	G	C	A	O	O	M	K	E	D	D	I	J	H	H
R	S	H	A	A	A	Y	Q	Q	U	I	I	W	V	Q	D	L	M	P
V	R	D	B	N	C	D	L	Z	Q	X	S	B	A	F	G	I	H	I
V	V	B	A	M	W	R	S	X	G	J	M	O	Q	Z	D	Z	N	A
I	S	K	P	S	E	Q	Y	I	T	D	A	W	G	W	H	K	Z	L

Y J S Z U I T S F Z L X U R R P E Y Z
H H V U E G E M M O X W S E O U E T V
C F C N C U X J G E V R D L V P W C S
W I O X V N G H F D M N A S C I Z U F
L D S Y U Y E G K Z E U B D N X O B G
R Z G Q K Y E F H U A I K T C B N Z Y
F K P M V L J O Z R V T E H S B T I N
C C U Q J X L N D I C R A B Q B Q L E
R J Q Y S Z A O U P G M X A F V G J Q
F D H I C L N C Z R P B G C B V A O C
N G R H L A L X I I E L K K G S R R T
A D I I K G W L G E I G A O L F E T S
V P R T W O L N D W U E J F A C N C O
S G L P X E O I E O U V J E Z O F Q R
D W Y U N N L L E C N Y Z N E M Q V L
O W M X S L L A P M Z T C T L G Q O L
H I Q P I M Q I N D Z T S B S O U Y I
J Q D R W S P W Z U E R C B S I X Y R
W T G R F A A E V P R S I X I F C J G
G E L I D I K N D O C G Y O E L H L B
L M L U T R T Y J S M F O O U V R H J
N U Y V R Z B W I U U D F Z U J U F R
M I X M L U V E L J I F C K H P L X N
P K V X N J D C N V V R K F T B J I G

7

GRILLANZUENDER   HOLZCHIPS

GLAZE   GRILLROST

WELL DONE   GRILLIDEE

GAREN   CHAMPIGNONS

WINTERGRILLEN   BACKOFEN

Lösung

Y J S Z U I T S F Z L X U R R P E Y Z
H H V U E G E M M O X W S E O U E T V
C F C N C U X J G E V R D L V P W C S
W I O X V N G H F D M N A S C I Z U F
L D S Y U Y E G K Z E U B D N X O B G
R Z G Q K Y E F H U A I K T C B N Z Y
F K P M V L J O Z R V E H S B T I N
C C U Q J X L N D I C R A B Q B Q L E
R J Q Y S Z A O U P G M X A F V G J Q
F D H I C L N C Z R P B G C B V A O C
N G R H L A L X I I E L K K G S R R T
A D I I K G W L G E I G A O L F E T S
V P R T W O L N D W U E J F A C N C O
S G L P X E O I E O U V J E Z O F Q R
D W Y U N N L L E C N Y Z N E M Q V L
O W M X S L L A P M Z T C T L G Q O L
H I Q P I M Q I N D Z T S B S O U Y I
J Q D R W S P W Z U E R C B S I X Y R
W T G R F A A E V P R S I X I F C J G
G E L I D I K N D O C G Y O E L H L B
L M L U T R T Y J S M F O O U V R H J
N U Y V R Z B W I U U D F Z U J U F R
M I X M L U V E L J I F C K H P L X N
P K V X N J D C N V V R K F T B J I G

V A T C Q W E D A N I R A M P C R Q S
T Z N A H I T Z J G C H N S N Z V S W
Q Z X O A U G Y S W W H V W C M R I I
F I D O W K N S A R S S E U S F Y J Q
S P C J F V H K M U I D E M S B E K O
P O W U K O T M S G D I N R L Y Q T Y
S C H W E I N E N A C K E N S F Q X T
K X P G I S K O N H N V N O S I R A Y
Z D O I I E Q U G R I L L Z O N E O R
C O L X O P J U Q O O Z N V H U S F Y
I W P B N K V E Y I Q T S O O Y H P J
S E G N K O C H E N I J R W S C P O D
H D B J O D I Z S Q D J X Q V Z S Q R
W C Y O R A H G H N U K C N U K A H L
U T S Q S U T J D K E T O G Z L F N J
H R G I Z S P X P H N B H U F G X Y Y
P I O B E V C U L X S S D J M U F C Y
G P H D H L R M K I Z L S M J S F U K
K R T D L R F U K E Z Z G G O S E L H
I P X Q I U X E I D H Q N J G E O B R
S U T D K N C N H Z E O M W T I L X Q
U B P O F I X D P C A Y Q Q Y S C Y C
P Z A N P J W H A F S N U T Y E J P E
L I G U F N J D P L C A J B E N Q S X

8

MARINADE

GRILLZONE

KOCHEN

PIZZA

FETT

SCHWEINENACKEN

MEDIUM

ASCHEFLEISCH

GUSSEISEN

CHUNKS

Lösung

V	A	T	C	Q	W	E	D	A	N	I	R	A	M	P	C	R	Q	S
T	Z	N	A	H	I	T	Z	J	G	C	H	N	S	N	Z	V	S	W
Q	Z	X	O	A	U	G	Y	S	W	W	H	V	W	C	M	R	I	I
F	I	D	O	W	K	N	S	A	R	S	S	E	U	S	F	Y	J	Q
S	P	C	J	F	V	H	K	M	U	I	D	E	M	S	B	E	K	O
P	O	W	U	K	O	T	M	S	G	D	I	N	R	L	Y	Q	T	Y
S	C	H	W	E	I	N	E	N	A	C	K	E	N	S	F	Q	X	T
K	X	P	G	I	S	K	O	N	H	N	V	N	O	S	I	R	A	Y
Z	D	O	I	I	E	Q	U	G	R	I	L	L	Z	O	N	E	O	R
C	O	L	X	O	P	J	U	Q	O	O	Z	N	V	H	U	S	F	Y
I	W	P	B	N	K	V	E	Y	I	Q	T	S	O	O	Y	H	P	J
S	E	G	N	K	O	C	H	E	N	I	J	R	W	S	C	P	O	D
H	D	B	J	O	D	I	Z	S	Q	D	J	X	Q	V	Z	S	Q	R
W	C	Y	O	R	A	H	G	H	N	U	K	C	N	U	K	A	H	L
U	T	S	Q	S	U	T	J	D	K	E	T	O	G	Z	L	F	N	J
H	R	G	I	Z	S	P	X	P	H	N	B	H	U	F	G	X	Y	Y
P	I	O	B	E	V	C	U	L	X	S	S	D	J	M	U	F	C	Y
G	P	H	D	H	L	R	M	K	I	Z	L	S	M	J	S	F	U	K
K	R	T	D	L	R	F	U	K	E	Z	Z	G	G	O	S	E	L	H
I	P	X	Q	I	U	X	E	I	D	H	Q	N	J	G	E	O	B	R
S	U	T	D	K	N	C	N	H	Z	E	M	W	T	I	L	X	Q
U	B	P	O	F	I	X	D	P	C	A	Y	Q	Q	Y	S	C	Y	C
P	Z	A	N	P	J	W	H	A	F	S	N	U	T	Y	E	J	P	E
L	I	G	U	F	N	J	D	P	L	C	A	J	B	E	N	Q	S	X

V	D	G	X	N	M	G	A	V	H	F	L	C	O	G	D	Z	V	C
F	Y	U	G	R	Z	W	V	T	C	T	Y	G	W	W	P	O	W	Z
T	G	I	Y	U	I	I	U	H	S	U	K	E	F	X	L	H	N	K
R	J	J	J	Z	Q	U	U	K	I	F	L	E	Y	L	A	J	E	Z
B	S	J	S	E	W	Y	H	M	E	C	R	I	J	O	T	N	I	A
O	V	N	N	U	I	Q	E	V	L	Q	P	Z	D	T	E	L	N	T
F	H	Z	O	Y	L	W	V	G	F	T	P	W	W	U	A	E	O	E
F	V	T	A	L	R	W	B	I	T	S	P	V	L	S	U	Z	E	T
Z	F	H	V	U	L	C	W	O	A	O	R	L	M	G	P	T	L	P
T	Y	Q	I	T	P	I	S	V	R	R	I	Z	Q	R	H	U	E	P
U	X	J	T	P	U	L	A	G	B	R	U	V	D	I	A	R	N	C
H	S	Z	E	B	A	G	J	D	G	Y	T	L	L	S	B	F	B	
C	H	P	W	E	N	R	Y	O	E	T	E	A	R	L	E	L	B	C
S	V	T	R	N	F	R	R	Q	U	M	J	E	S	J	F	H	Y	R
D	B	M	U	Z	Z	T	Z	N	N	T	E	E	A	Q	W	G	M	U
N	S	K	M	Z	S	C	W	X	F	W	L	B	J	O	N	Y	T	Z
I	X	E	J	A	Y	W	R	R	Q	T	H	S	C	D	S	S	V	A
W	B	B	G	S	O	J	U	B	B	O	O	V	W	L	R	P	R	P
S	U	A	E	V	T	G	U	W	B	M	K	C	P	W	O	K	C	U
B	W	U	M	Z	T	V	A	N	R	A	Z	A	N	H	G	L	G	K
M	N	D	G	D	T	G	M	V	A	T	L	E	O	Q	J	S	F	M
C	O	Z	Y	D	C	S	H	J	M	E	O	Z	P	E	G	P	A	P
Y	M	T	Z	S	F	G	F	L	V	N	H	Z	W	S	X	P	S	W
F	R	I	D	I	J	W	U	X	K	N	M	W	C	I	U	E	B	G

LOTUSGRILL
BRUTZELN
WINDSCHUTZ
PLATEAUPHASE
MEDAILLONS

ROST EINOELEN
BRATFLEISCH
TOMATEN
GASTROGRILL
HOLZKOHLE

Lösung

```
V D G X N M G A V H F L C O G D Z V C
F Y U G R Z W V T C T Y G W W P O W Z
T G I Y U I I U H S U K E F X L H N K
R J J J Z Q U U K I F L E Y L A J E Z
B S J S E W Y H M E C R I J O T N I A
O V N N U I Q E V L Q P Z D T E L N T
F H Z O Y L W V G F T P W W U A E O E
F V T A L R W B I T S P V L S U Z E P
Z F H V U L C W O A R L M G P T T P P
T Y Q I T P I S V R I Z Q R H U E P
U X J T P U L A G B R U V D I A R N C
H S Z E B A G J D G Y T L L L S B F B
C H P W E N R Y O E T E A R L E L B C
S V T R N F R R Q U M J E S J F H Y R
D B M U Z Z T Z N N T E E A Q W G M U
N S K M Z S C W X F W L B J O N Y T Z
I X E J A Y W R R Q T H S C D S S V A
W B B G S O J U B B O O V W L R P R P
S U A E V T G U W B M K C P W O K C U
B W U M Z T V A N R A Z A N H G L G K
M N D G D T G M V A T L E O Q J S F M
C O Z Y D C S H J M E O Z P E G P A P
Y M T Z S F G F L V N H Z W S X P S W
F R I D I J W U X K N M W C I U E B G
```

W C M R M J E Y G A D M E R L G G X X
O O G D L I E P X R P R Y W E M G V Y
Z D M M T P Z F S R I T X E N R I E S
H F P G T L U E F M H L P S K F S I P
O Q S J A I C D M E S A L V S S Z G D
V W O F J B I R R I T C S H S Y T G K
Y G Z U Y K L M N T F Z Y U I W Z E V
I W M Y R F O B Y Z E H C R G T M V J
V K N Y M M F E P J Z A N W B P Z Y H
R O C I E I E T V N X P K G V T F E I
R D U T F E X A S S O R K E T N C G Y
T C E W Q R M M A V R Q Z S S E D N B
A R P D F E H O V M I Z N Q R Y W A B
Y O Q G R F J T X R N I E V U F J A T
U A E Y S W N L S P H O H X W C J F D
G S M C Q Z T L J E B J C W T C D I I
Y C Z C U E E I E K Z E T Z A H B F M
T E S M O K E R K K D M E U R U J V D
O F S K K S F G X O W F O C B U I N M
V P Q H U S L H I N G O R Y Y M D D D
F L A C H G R I L L E N B Q V R T M K
B Z Z O J N Y Y Q Z J T N J A N M O W
O J B I C E L X K E A C O N Z Q J S K
M H W X B I F P G Z F U Z W H B O Z I

10

GRILLTOMATE
FLACHGRILLEN
GRILLHITZE
BROETCHEN
VEGGIE

THERMOMETER
PATTY
SMOKER
BRATWURST
KROSS

Lösung

W	C	M	R	M	J	E	Y	G	A	D	M	E	R	L	G	G	X	X
O	O	G	D	L	T	E	P	X	R	P	R	Y	W	E	M	G	V	Y
Z	D	M	M	T	P	Z	F	S	R	I	T	X	E	N	R	I	E	S
H	F	P	G	T	L	U	E	F	M	H	L	P	S	K	F	S	I	P
O	Q	S	J	A	I	C	D	M	E	S	A	L	V	S	S	Z	G	D
V	W	O	F	J	B	I	R	R	I	T	C	S	H	S	Y	T	G	K
Y	G	Z	U	Y	K	L	M	N	T	F	Z	Y	U	I	W	Z	E	V
I	W	M	Y	R	F	O	B	Y	Z	E	H	C	R	G	T	M	V	J
V	K	N	Y	M	M	F	E	P	J	Z	A	N	W	B	P	Z	Y	H
R	O	C	I	E	I	E	T	V	N	X	P	K	G	V	T	F	E	I
R	D	U	T	F	E	X	A	S	S	O	R	K	E	T	N	C	G	Y
T	C	E	W	Q	R	M	M	A	V	R	Q	Z	S	S	E	D	N	B
A	R	P	D	F	E	H	O	V	M	I	Z	N	Q	R	Y	W	A	B
Y	O	Q	G	R	F	J	T	X	R	N	I	E	V	U	F	J	A	T
U	A	E	Y	S	W	N	L	S	P	H	O	H	X	W	C	J	F	D
G	S	M	C	Q	Z	T	L	J	E	B	J	C	W	T	C	D	I	I
Y	C	Z	C	U	E	E	I	E	K	Z	E	T	Z	A	H	B	F	M
T	E	S	M	O	K	E	R	K	K	D	M	E	U	R	U	J	V	D
O	F	S	K	K	S	F	G	X	O	W	F	O	C	B	U	I	N	M
V	P	Q	H	U	S	L	H	I	N	G	O	R	Y	Y	M	D	D	D
F	L	A	C	H	G	R	I	L	L	E	N	B	Q	V	R	T	M	K
B	Z	Z	O	J	N	Y	Y	Q	Z	J	T	N	J	A	N	M	O	W
O	J	B	I	C	E	L	X	K	E	A	C	O	N	Z	Q	J	S	K
M	H	W	X	B	I	F	P	G	Z	F	U	Z	W	H	B	O	Z	I

L	W	L	N	R	G	W	E	Y	K	Q	R	R	U	J	U	E	I	L
V	Z	T	P	L	I	N	Y	V	F	B	S	R	D	B	Y	O	X	O
Y	P	K	R	O	E	P	G	I	Y	B	V	L	F	S	C	D	M	N
Q	Q	E	Q	Y	M	F	Q	V	P	D	H	K	A	D	G	K	S	G
G	R	R	X	E	O	C	F	A	M	Y	L	O	J	R	X	N	Y	L
P	F	N	G	Z	C	C	X	O	B	H	F	P	I	J	B	Z	A	H
M	B	T	L	H	N	H	A	R	T	G	A	L	T	Z	M	L	B	O
H	R	E	X	M	X	A	B	R	N	R	L	H	U	S	U	B	W	O
T	S	M	J	F	O	K	I	M	M	K	A	P	Y	M	K	E	L	P
T	I	P	E	J	L	I	J	B	A	I	Q	K	I	G	I	E	H	L
U	U	E	I	Y	L	N	R	E	H	U	N	N	L	R	I	V	B	S
U	P	R	C	W	O	R	S	R	K	N	I	J	B	L	K	P	U	J
U	L	A	F	R	G	E	S	O	Z	U	F	D	E	B	I	W	E	S
T	O	T	F	L	Y	T	A	M	M	E	B	O	A	A	A	R	B	A
C	F	U	G	W	W	G	H	R	V	J	N	R	C	D	C	S	G	R
T	Y	R	J	G	D	V	O	T	H	Q	J	S	O	K	R	S	D	G
W	B	Q	U	I	T	S	A	W	Y	B	A	G	U	E	T	T	E	N
D	Q	W	Y	Q	T	Y	J	J	Z	K	R	V	Y	C	E	L	B	L
O	J	S	T	W	K	X	T	O	L	P	P	A	T	I	N	A	W	L
S	B	D	H	E	J	W	Q	Z	B	U	T	U	Y	U	M	T	A	D
X	I	W	F	F	U	I	A	C	K	C	C	D	X	B	H	Q	K	D
Z	R	E	U	W	E	G	Y	R	R	U	C	L	U	O	M	Q	P	Z
X	H	S	S	Z	I	P	F	V	N	B	X	K	A	E	S	S	O	S
C	E	Y	V	V	D	V	D	H	X	P	O	T	A	W	J	E	T	F

11

GRILLKAESE

BAGUETTE

BAMBUKO

PATINA

ALUMINIUMROST

BBQ SOSSE

CURRYGEWUERZ

LONG JOB

GRILLKARTOFFEL

KERNTEMPERATUR

Lösung

```
L W L N R G W E Y K Q R R U J U E I L
V Z T P L I N Y V F B S R D B Y O X O
Y P K R O E P G I Y B V L F S C D M N
Q Q E Q Y M F Q V P D H K A D G K S G
G R R X E O C F A M Y L O J R X N Y L
P F N G Z C C X O B H F P I J B Z A H
M B T L H N H A R T G A L T Z M L B O
H R E X M X A B R N R L H U S U B W O
T S M J F O K I M M K A P Y M K E L P
T I P E J L I J B A I Q K I G I E H L
U U E I Y L N R E H U N N L R I V B S
U P R C W O R S R K N I J B L K P U J
U L A F R G E S O Z U F D E B I W E S
T O T F L Y T A M M E B O A A A R B A
C F U G W W G H R V J N R C D C S G R
T Y R J G D V O T H Q J S O K R S D G
W B Q U I T S A W Y B A G U E T T E N
D Q W Y Q T Y J J Z K R V Y C E L B L
O J S T W K X T O L P P A T I N A W L
S B D H E J W Q Z B U T U Y U M T A D
X I W F F U I A C K C C D X B H Q K D
Z R E U W E G Y R R U C L U O M Q P Z
X H S S Z I P F V N B X K A E S S O S
C E Y V V D V D H X P O T A W J E T F
```

G K F T W B T V D X P P Q Y W D P P C
K L H R F M V P I J H X L G F I U S H
X A L M Q D E W W J W K N J G L S B P
V F Q I M F Q K C K R T I Z R G Y O H
X R V K R X P B X A Z G O N K T H I O
F E S E R G Y G M E T O X S I W H Q T
Z D B T G Y S B E T E U C L N X O H U
Z N W P N J Q A D S X W U H B Z K C U
X U Z W U L W L G N A H U J J Q D J G
F O L U Z L B O L E S H A R D J E S A
T P O E P T L B O T K M R Q N U S N R
B R P R P M G E T U R Z W T L Z W L T
U E Y Z H O W G D N U V U Q X M A Z E
B T L M D U R U I I E R O Y W M T Y N
V A A I C Q K K R M C U O G M Q Y L G
Z U C S V K E S L A K C A S J X J Y R
Y Q H C S F J B L F E E B P P N P F A I
E P S H J U V N Y Z H I I Y X L I J L
S C S U C B S T F K E T Y O K C H I L
B G P N U I H K D S M Y Z V T M U R A
F T I G I P H N S X N Q C V B K H L K
C V E V Q D E Q V Y R N O H L W K C Y
Z V S K F V V B N M H P Y B Y Q L L F
U I S K R J E N B H U M D A J X V U K

12

GASGRILL

WUERZMISCHUNG

QUATERPOUNDER

PULLED PORK

LACHSSPIESS

MINUTENSTEAK

LAMMSPIESS

TEXASKRUECKE

HUHN

GARTENGRILL

Lösung

```
G K F T W B T V D X P P Q Y W D P P C
K L H R F M V P I J H X L G F I U S H
X A L M Q D E W W J W K N J G L S B P
V F Q I M F Q K C K R T I Z R G Y O H
X R V K R X P B X A Z G O N K T H I O
F E S E R G Y G M E T O X S I W H Q T
Z D B T G Y S B E T E U C L N X O H U
Z N W P N J Q A D S X W U H B Z K C U
X U Z W U L W L G N A H U J J Q D J G
F O L U Z L B O L E S H A R D J E S A
T P O E P T L B O T K M R Q N U S N R
B R P R P M G E T U R Z W T L Z W L T
U E Y Z H O W G D N U V U Q X M A Z E
B T L M D U R U I I E R O Y W M T Y N
V A A I C Q K K R M C U O G M Q Y L G
Z U C S V K E S L A K C A S J X J Y R
Y Q H C S F J B L F E B P P N P F A I
E P S H J U V N Y Z H I I Y X L I J L
S C S U C B S T F K E T Y O K C H I L
B G P N U I H K D S M Y Z V T M U R A
F T I G I P H N S X N Q C V B K H L K
C V E V Q D E Q V Y R N O H L W K C Y
Z V S K F V V B N M H P Y B Y Q L L F
U I S K R J E N B H U M D A J X V U K
```

A	T	Q	T	J	A	Z	P	N	R	Y	K	M	B	R	M	R	U	P
P	T	T	Y	Q	M	L	F	K	P	S	X	A	W	A	G	T	I	L
W	Z	A	C	Z	P	W	P	H	L	D	D	V	R	H	P	R	P	H
I	Z	R	T	D	F	B	O	U	L	E	T	T	E	W	I	D	F	W
H	K	K	M	A	G	X	P	Q	G	G	G	X	D	P	D	Y	J	W
A	L	D	L	X	U	Q	T	P	Q	R	T	E	P	V	A	S	N	N
I	A	X	R	Y	U	I	H	Z	I	Q	S	C	J	I	Z	G	X	E
M	O	U	R	A	F	P	Z	L	U	W	H	R	I	A	I	B	G	P
Z	W	A	Q	J	O	G	L	E	U	E	L	G	C	X	S	Y	A	Z
F	N	O	B	J	H	A	L	R	N	L	F	G	M	Y	K	X	C	D
X	F	I	N	T	S	F	S	X	I	J	A	C	Y	O	M	F	Q	J
H	A	Q	M	C	T	T	G	Z	C	R	Y	X	K	P	G	T	J	Z
D	Q	A	H	A	S	R	G	D	T	G	E	O	A	H	G	G	Z	U
I	I	E	D	P	K	F	E	E	E	Z	K	K	K	G	C	Q	C	J
I	U	H	I	H	S	D	M	F	D	O	K	B	O	T	J	W	K	V
Y	O	E	M	A	J	P	N	K	F	Z	B	P	X	H	T	T	K	B
E	S	J	A	W	E	I	P	E	K	E	J	D	K	D	L	Z	R	T
S	E	T	V	R	G	Q	H	X	U	Q	F	V	N	Q	A	E	L	O
X	B	S	A	N	P	H	W	X	J	Z	Z	P	G	B	I	Y	N	U
L	A	T	H	L	Q	O	S	K	F	B	N	P	V	M	U	M	G	A
K	U	K	J	T	H	U	N	P	O	X	D	A	H	Y	A	T	Q	P
R	B	F	K	Z	T	A	O	U	X	U	M	L	U	D	A	B	F	B
G	H	O	R	Q	C	H	C	L	L	I	R	G	L	E	G	U	K	M
Q	U	Q	D	Q	Z	J	F	D	V	S	F	Y	K	M	O	Z	B	J

13

PFEFFER

WURSTSPIESS

RIPPCHEN

KOHLE

ANZUENDKAMIN

BOULETTE

KOKOKO

GRILLASCHE

GARTEMPERATUR

KUGELGRILL

Lösung

A T Q T J A Z P N R Y K M B R M R U P
P T T Y Q M L F K P S X A W A G T I L
W Z A C Z P W P H L D D V R H P R P H
I Z R T D F B O U L E T T E W I D F W
H K K M A G X P Q G G G X D P D Y J W
A L D L X U Q T P Q R E P V A S N N
I A X R Y U I H Z I Q S C J I Z G X E
M O U R A F P Z L U W H R I A I B G P
Z W A Q J O G L E U E L G C X S Y A Z
F N O B J H A L R N L F G M Y K X C D
X F I N T S F S X I J A C Y O M F Q J
H A Q M C T T G Z C R Y X K P G T J Z
D Q A H A S R G D T G E O A H G G Z U
I I E D P K F E E E Z K K K G C Q C J
I U H I H S D M F D O K B O T J W K V
Y O E M A J P N K F Z B P X H T T K B
E S J A W E I P E K E J D K D L Z R T
S E T V R G Q H X U Q F V N Q A E L O
X B S A N P H W X J Z Z P G B I Y N U
L A T H L Q O S K F B N P V M U M G A
K U K J T H U N P O X D A H Y A T Q P
R B F K Z T A O U X U M L U D A B F B
G H O R Q C H C L L I R G L E G U K M
Q U Q D Q Z J F D V S F Y K M O Z B J

T	R	Z	R	V	X	G	V	P	K	P	Z	Q	Z	V	X	S	T	N
D	L	R	A	E	U	C	H	E	R	H	O	L	Z	H	O	L	O	L
U	X	C	F	N	G	J	H	J	T	I	H	R	H	K	K	D	X	C
P	X	I	C	K	P	K	S	V	H	Z	Q	J	C	L	M	E	I	R
C	D	Q	H	E	O	C	R	W	K	P	T	Q	Q	F	E	N	H	F
R	E	S	X	A	Z	Q	A	L	O	Z	J	N	T	F	O	Y	S	C
S	K	D	D	S	U	L	K	L	I	K	Q	M	W	V	C	E	V	D
T	Q	H	A	R	H	B	I	W	Z	R	G	Y	Y	M	F	B	Z
Y	M	M	J	N	U	U	W	P	C	O	T	S	E	P	W	S	D	B
L	L	R	F	K	A	Y	V	N	C	W	N	F	Z	F	U	P	A	J
E	Q	W	U	U	R	P	T	K	I	O	K	E	Q	R	P	U	B	X
E	I	T	D	B	E	A	Y	C	V	S	G	H	O	S	M	G	G	G
L	A	N	O	U	R	H	R	W	H	B	H	E	E	K	X	L	V	H
I	M	Q	A	M	U	M	B	E	J	U	R	V	U	H	T	V	Q	C
D	J	Q	L	M	X	F	L	W	J	K	R	C	S	S	N	R	V	M
L	I	I	C	T	E	W	H	L	A	S	H	R	O	M	M	U	Z	M
X	M	T	F	F	J	V	H	R	X	E	B	R	A	T	L	J	G	R
U	V	A	I	G	G	F	A	K	N	B	S	R	Y	S	V	B	F	H
N	I	L	M	G	N	U	K	C	L	S	T	B	L	O	C	P	X	Z
I	E	S	K	A	E	T	S	D	U	U	W	D	X	M	Z	O	L	O
V	L	N	R	S	R	J	E	G	T	G	D	B	N	M	Q	K	B	B
Y	W	P	T	B	M	U	T	D	J	Z	C	L	Q	M	Y	C	G	U
X	G	P	I	L	S	X	X	N	Q	V	L	F	L	W	R	X	R	X
K	L	U	F	U	Z	W	T	T	D	X	H	Y	F	K	Q	Y	R	X

STEAK
BAUMKUCHEN
CALZONE
RAEUCHERHOLZ
PANADE

CHURRASCO
CAVEMAN STYLE
PILZE
GUSSROST
RARE

Lösung

```
T R Z R V X G V P K P Z Q Z V X S T N
D L R A E U C H E R H O L Z H O L O L
U X C F N G J H J T I H R H K K D X C
P X I C K P K S V H Z Q J C L M E I R
C D Q H E O C R W K P T Q Q F N H J F
R E S X A Z Q A L O Z J N T F O Y S C
S K D D S U L K L I K Q M W V C E V D
T Q H A R H B I W Z R H G Y Y M F B Z
Y M M J N U U W P C O T S E P W S D B
L L R F K A Y V N C W N F Z F U P A J
E Q W U U R P T K I O K E Q R P U B X
E I T D B E A Y C V S G H O S M G G G
L A N O U R H R W H B H E E K X L V H
I M Q A M U M B E J U R V U H T V Q C
D J Q L M X F L W J K R C S S N R V M
L I I C T E W H L A S H R O M M U Z M
X M T F F J V H R X E B R A T L J G R
U V A I G G F A K N B S R Y S V B F H
N I L M G N U K C L S T B L O C P X Z
I E S K A E T S D U U W D X M Z O L O
V L N R S R J E G T G D B N M Q K B B
Y W P T B M U T D J Z C L Q M Y C G U
X G P I L S X X N Q V L F L W R X R X
K L U F U Z W T T D X H Y F K Q Y R X
```

B	E	R	P	L	S	Q	V	H	A	M	W	M	E	K	G	C	P	Y
Z	R	M	M	S	E	M	G	V	G	P	X	S	Y	K	J	N	M	P
L	X	E	M	A	X	H	C	H	V	D	A	S	A	P	A	E	E	S
E	E	C	K	W	D	A	W	D	O	N	I	E	J	Y	L	R	N	E
O	W	S	K	K	J	D	U	Y	K	O	T	I	A	U	U	H	S	X
L	B	R	O	N	I	N	S	E	I	S	G	P	T	W	F	I	E	U
M	M	B	G	S	D	E	K	N	P	V	N	S	U	C	O	T	X	B
Q	J	J	P	O	E	N	S	M	G	O	G	H	C	J	L	Z	Y	A
S	X	U	Y	Z	P	N	U	G	K	Y	P	C	P	G	I	E	H	M
H	V	E	H	V	O	R	Q	L	S	E	D	S	R	O	E	N	X	B
T	I	W	S	S	X	Q	A	T	E	R	X	I	V	B	T	I	R	U
S	J	V	B	L	J	B	L	V	Y	O	N	E	N	A	I	V	J	S
H	X	P	H	A	D	O	K	C	Y	P	K	L	X	U	O	T	W	K
G	D	R	E	D	N	E	U	Z	N	A	A	F	A	C	A	S	V	O
P	L	Y	O	R	P	Q	Q	Y	X	T	O	Q	W	H	W	V	T	H
C	Q	Z	X	S	T	O	I	K	U	K	J	T	T	S	X	Q	D	L
I	R	E	M	M	A	K	L	L	I	R	G	Y	S	P	G	M	X	E
B	S	P	U	T	Q	U	L	E	O	Q	S	V	T	E	M	X	L	T
A	Y	T	Y	N	R	Z	B	R	Z	G	I	C	U	C	T	H	J	G
K	C	L	A	B	R	P	W	F	O	W	N	B	X	K	H	H	I	L
N	S	F	K	L	E	Q	L	N	W	G	G	R	F	M	X	K	K	U
C	H	T	M	I	I	E	N	Y	M	B	K	B	I	R	M	N	Q	F
O	B	B	H	Z	U	G	P	H	Y	N	V	Z	S	S	K	C	J	J
O	T	D	U	J	P	U	B	T	G	D	A	X	U	Y	J	A	D	A

15

FLEISCHSPIESS

BREKKIES

BAUCHSPECK

BAMBUSKOHLE

RUMPSTEAK

ERHITZEN

ANZUENDER

BALKON

ALUFOLIE

GRILLKAMMER

Lösung

```
B E R P L S Q V H A M W M E K G C P Y
Z R M M S E M G V G P X S Y K J N M P
L X E M A X H C H V D A S A P A E E S
E E C K W D A W D O N I E J Y L R N E
O W S K K J D U Y K O T I A U U H S X
L B R O N I N S E I S G P T W F I E U
M M B G S D E K N P V N S U C O T X B
Q J J P O E N S M G O G H C J L Z Y A
S X U Y Z P N U G K Y P C P G I E H M
H V E H V O R Q L S E D S R O E N X B
T I W S S X Q A T E R X I V B T I R U
S J V B L J B L V Y O N E N A I V J S
H X P H A D O K C Y P K L X U O T W K
G D R E D N E U Z N A A F A C A S V O
P L Y O R P Q Q Y X T O Q W H W V T H
C Q Z X S T O I K U K J T T S X Q D L
I R E M M A K L L I R G Y S P G M X E
B S P U T Q U L E O Q S V T E M X L T
A Y T Y N R Z B R Z G I C U C T H J G
K C L A B R P W F O W N B X K H H I L
N S F K L E Q L N W G G R F M X K K U
C H T M I I E N Y M B K B I R M N Q F
O B B H Z U G P H Y N V Z S S K C J J
O T D U J P U B T G D A X U Y J A D A
```

T	S	W	C	N	S	H	I	O	T	Y	F	Q	T	L	N	W	W	Q
C	X	N	W	P	Q	E	Q	U	K	V	I	J	J	V	Q	K	M	T	N
V	O	M	F	S	O	U	O	T	K	V	F	F	M	A	H	L	Y	C
S	T	T	E	K	I	R	B	L	L	I	R	G	J	U	H	T	Y	W
K	V	E	N	R	I	F	L	S	M	E	E	Q	A	D	I	Z	U	D
W	I	U	D	B	H	D	H	V	J	E	B	B	C	Q	G	R	Q	J
T	M	D	H	C	S	I	E	L	F	M	J	B	T	R	L	R	T	N
S	H	R	B	Z	O	W	X	X	Z	P	F	X	I	A	A	I	D	P
E	S	U	A	P	R	E	T	N	I	W	H	L	K	X	J	M	G	F
E	O	K	M	P	F	E	B	J	Z	G	L	R	H	M	Q	O	O	F
P	Z	X	K	S	B	S	F	D	R	A	C	L	X	F	M	U	H
T	E	L	Z	C	B	I	X	E	E	S	F	U	P	K	A	H	R
V	V	G	L	J	G	J	Q	Z	U	I	C	R	V	B	N	A	V	S
G	A	R	Z	E	I	T	E	T	F	O	N	U	M	N	T	Y	O	N
J	L	I	S	J	H	P	E	X	Q	B	W	Z	F	L	Q	R	G	B
U	M	Z	S	M	T	R	O	L	B	U	Z	L	Y	S	O	P	W	N
O	T	D	G	Y	B	G	S	Y	L	R	A	W	V	P	S	N	E	C
C	U	I	D	U	Y	Z	V	R	Y	N	E	M	R	W	I	M	B	H
U	W	U	T	Z	G	O	T	J	K	U	X	N	Y	G	O	N	S	G
P	W	T	O	X	S	R	E	S	S	E	M	K	A	E	T	S	B	S
E	E	C	U	L	V	O	T	U	V	K	J	H	O	U	C	T	N	R
R	O	L	X	X	O	E	X	E	R	M	M	L	L	O	V	C	C	W
O	E	W	T	A	A	T	T	U	G	L	L	I	R	G	F	P	Z	X
A	Z	L	M	K	H	Y	P	Z	P	D	G	S	R	M	C	N	T	S

16

GRILLGUT

FLEISCH

WINTERPAUSE

FLANKSTEAK

GARZEIT

STEAKMESSER

GRILLREZEPT

KRAEUTERBUTTER

FISCH

GRILLBRIKETTS

```
T  S  W  C  N  S  H  I  O  T  Y  F  Q  T  L  N  W  W  Q
C  X  N  W  P  Q  E  Q  U  K  V  I  J  V  Q  K  M  T  N
V  O  M  F  S  O  U  O  T  K  V  F  F  M  A  H  L  Y  C
S  T  T  E  K  I  R  B  L  L  I  R  G  J  U  H  T  Y  W
K  V  E  N  R  I  F  L  S  M  E  E  Q  A  D  I  Z  U  D
W  I  U  D  B  H  D  H  V  J  E  B  B  C  Q  G  R  Q  J
T  M  D  H  C  S  I  E  L  F  M  J  B  T  R  L  R  T  N
S  H  R  B  Z  O  W  X  X  Z  P  F  X  I  A  A  I  D  P
E  S  U  A  P  R  E  T  N  I  W  H  L  K  X  J  M  G  F
E  O  K  M  P  F  E  B  J  Z  G  L  R  H  M  Q  O  O  F
P  Z  X  K  S  B  S  S  F  D  R  A  C  L  X  F  M  U  H
T  E  L  Z  U  C  B  I  X  E  E  S  F  U  P  K  A  H  R
V  V  G  L  J  G  J  Q  Z  U  I  C  R  V  B  N  A  V  S
G  A  R  Z  E  I  T  E  T  F  O  N  U  M  N  T  Y  O  N
J  L  I  S  J  H  P  E  X  Q  B  W  Z  F  L  Q  R  G  B
U  M  Z  S  M  T  R  O  L  B  U  Z  L  Y  S  O  P  W  N
O  T  D  G  Y  B  G  S  Y  L  R  A  W  V  P  S  N  E  C
C  U  I  D  U  Y  Z  V  R  Y  N  E  M  R  W  I  M  B  H
U  W  U  T  Z  G  O  T  J  K  U  X  N  Y  G  O  N  S  G
P  W  T  O  X  S  R  E  S  S  E  M  K  A  E  T  S  B  S
E  E  C  U  L  V  O  T  U  V  K  J  H  O  U  C  T  N  R
R  O  L  X  X  O  E  X  E  R  M  M  L  L  O  V  C  C  W
O  E  W  T  A  A  T  U  G  L  L  I  R  G  F  P  Z  X
A  Z  L  M  K  H  Y  P  Z  P  D  G  S  R  M  C  N  T  S
```

R M M E C H R P X X M U G K C F C M W
W P L C Z P D V O Z F F S X X B L C X
L R H F Y L Z I X S A H Y P R F N Q U
A A L P H M L K P E J P J B X E Z A C
K M A S C K L A B Y S B M S G S N T B
O V B I M K E R A M I K G R I L L P Q
J T N L V D T T U Q K O G T F V C Q P
E S Z S U I A O X V Q E K K Q Z V E O
C Q R B G F Y F C P D D Z R T D G T L
C P Q I A A R F W X Y F E M U W R Q E
X R M G R D E E V K V W S E K I I W Z
Z E R O N Q T L S J W M S X T P L K T
W Q B E E C S S W Z D H D T A W L G I
W W J Y L G U A T G T O E L B V S F N
K Y N U E R M L O K Y I I R Z N T N H
Q E Q O N I L A G G Y E Z P G S R G C
I L A C K L L T E P V U B X R Y E Y S
Z Z R O L L I L B W U C V A W P I F N
T O U L E A R M I W W N D V K I F F E
C F E E X B G M Y R X G W W Z H E D T
V E U S E E O M V A G Y L N A T N J U
H H C L I N Z N Y Q C S P H T Z F X P
B M S A A D S Z B G W U A E M M D K K
B E G W C Y P W E G L K A G Q P H Q Z

17

GRILLMUSTER   KERAMIKGRILL

GASGRILL   GARNELEN

GRILLSTREIFEN   KARTOFFELSALAT

FETTE   COLESLAW

PUTENSCHNITZEL   GRILLABEND

Lösung

```
R M M E C H R P X X M U G K C F C M W
W P L C Z P D V O Z F F S X X B L C X
L R H F Y L Z I X S A H Y P R F N Q U
A A L P H M L K P E J P J B X E Z A C
K M A S C K L A B Y S B M S G S N T B
O V B I M K E R A M I K G R I L L P Q
J T N L V D T T U Q K O G T F V C Q P
E S Z S U I A O X V Q E K K Q Z V E O
C Q R B G F Y F C P D D Z R T D G T L
C P Q I A A R F W X Y F E M U W R Q E
X R M G R D E E V K V W S E K I I W Z
Z E R O N Q T L S J W M S X T P L K T
W Q B E E C S S W Z D H D T A W L G I
W W J Y L G U A T G T O E L B V S F N
K Y N U E R M L O K Y I I R Z N T N H
Q E Q O N I L A G G Y E Z P G S R G C
I L A C K L L T E P V U B X R Y E Y S
Z Z R O L L I L B W U C V A W P I F N
T O U L E A R M I W W N D V K I F F E
C F E E X B G M Y R X G W W Z H E D T
V E U S E E O M V A G Y L N A T N J U
H H C L I N Z N Y Q C S P H T Z F X P
B M S A A D S Z B G W U A E M M D K K
B E G W C Y P W E G L K A G Q P H Q Z
```

L R B M C A K L R S B N B F W C H T Z
K O Z B B P L T V O J M E Z Y W A W Q
J U B H U M A L T J I Y R Z Z N X H Q
A S V T A L P H K G F X A R R N I S X
C D Y A W Y P W P C F I C M H E N B R
G X I N K U K F K Y G J C A C M U C O
Q I E E G U A K C B E L K T Q Q Q W C
B Y D I U Z M A J B Y Y O S W E V J O
C I Y H A A I V S G T Z T U U W O C L
F C J I V R N K C R O K E R N G R M E
B F L K I G H G I G V L B Q C X Q N
T J L E T O N E W L S M E N H K B C C
V B B N F I S A E L Q K T E Q D T G M
U A S H D I O E I S F N T T K Y J Y A
E S F N P G T K N V G E Y N A Q M A F
F L A Z O V Q A E Z S L B E O D L Y K
U R P N H L Q A F L F L G S O J E C I
B F U G S R W X L M D I K G J R N T S
J E O Z G N N Z E J W R B G E I M V C
A K H E U D Y I I U M G J Y S R E L Y
C K B B R J C K S Z N N D L W M J V K
O X P G K J W N C M Q A T D D S X L P
C Q M N E P A Z H U F W S I N K T F T
B U Z V N I X M U U O Y U T H C U A R

18

ANGRILLEN

GRILL

KOTELETT

KLAPPKAMIN

BRANDING

RAUCH

SCHWEINEFLEISCH

GURKEN

ENTENBRUST

WUERZEN

Lösung

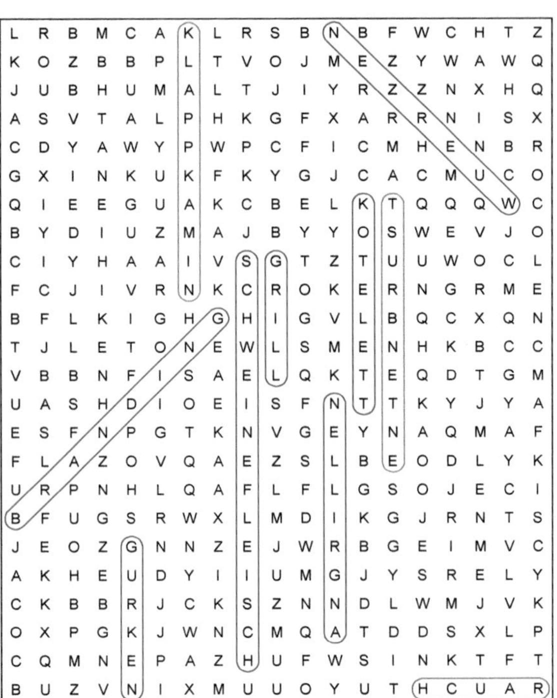

Weitere Wortsuchrätsel Sammelbände von Brian Gagg:
WORTSUCHRÄTSEL 4 in 1 SAMMELBAND 70iger, 80iger und 90iger Jahre
WORTSUCHRÄTSEL 2 in 1 SAMMELBAND 1. und 2. WELTKRIEG
WORTSUCHRÄTSEL 3 in 1 SAMMELBAND TENNIS, SQUASH und GOLF
WORTSUCHRÄTSEL 3 in 1 SAMMELBAND TISCHTENNIS, BADMINTON und MINIGOLF
WORTSUCHRÄTSEL 3 in 1 SAMMELBAND EISHOCKEY, FELDHOCKEY und SKISPORT
WORTSUCHRÄTSEL 3 in 1 SAMMELBAND FUßBALL, HANDBALL und BASKETBALL
WORTSUCHRÄTSEL 3 in 1 SAMMELBAND VOLLEYBALL, BOWLING und SCHWIMMSPORT
WORTSUCHRÄTSEL 3 in 1 SAMMELBAND REITSPORT, RADSPORT und SCHACH
WORTSUCHRÄTSEL 4 in 1 SAMMELBAND ANGELN, POKERN, FALLSCHIRMSPRINGEN und SKAT
WORTSUCHRÄTSEL 2 in 1 SAMMELBAND MUTTER und VATER
WORTSUCHRÄTSEL 2 in 1 SAMMELBAND OMA und OPA
WORTSUCHRÄTSEL 2 in 1 SAMMELBAND SCHWESTER und BRUDER
WORTSUCHRÄTSEL 3 in 1 SAMMELBAND BLUMEN, GARTEN und GRILLEN
WORTSUCHRÄTSEL 2 in 1 SAMMELBAND HUNDE und KATZEN
WORTSUCHRÄTSEL 3 in 1 SAMMELBAND SOMMER, HERBST und HALLOWEEN
WORTSUCHRÄTSEL 3 in 1 SAMMELBAND WINTER, WEIHNACHTEN und BIBELVERSE
WORTSUCHRÄTSEL 3 in 1 SAMMELBAND FRÜHLING, OSTERN und GEBURTSTAG
WORTSUCHRÄTSEL 3 in 1 SAMMELBAND BERLIN, MALLORCA und URLAUB
WORTSUCHRÄTSEL 3 in 1 SAMMELBAND UFO, SCIENCE FICTION und HORROR
WORTSUCHRÄTSEL 3 in 1 SAMMELBAND LEHRER, SCHULE und SPORTARTEN
WORTSUCHRÄTSEL 3 in 1 SAMMELBAND KRANKENPFLEGE, GLÜCK und BIBELVERSE
WORTSUCHRÄTSEL 3 in 1 SAMMELBAND KRIMINALITÄT, AUTOMARKEN und LUSTIGE SCHIMPFWORTE
WORTSUCHRÄTSEL 3 in 1 SAMMELBAND FREUNDSCHAFT, GLÜCK und LIEBESZITATE
WORTSUCHRÄTSEL 7 in 1 SAMMELBAND FRÜHLING, OSTERN, SOMMER, HERBST, HALLOWEEN, WINTER und WEIHNACHTEN
WORTSUCHRÄTSEL 6 in 1 SAMMELBAND TENNIS, TISCHTENNIS, GOLF, BADMINTON, SQUASH und MINIGOLF
WORTSUCHRÄTSEL 6 in 1 SAMMELBAND FUßBALL, FELDHOCKEY, EISHOCKEY, HANDBALL, BASKETBALL, SKISPORT
WORTSUCHRÄTSEL 6 in 1 SAMMELBAND VOLLEYBALL, RADSPORT, SCHWIMMEN, SCHACH, BOWLING und REITSPORT
WORTSUCHRÄTSEL 6 in 1 SAMMELBAND MUTTER, VATER, OMA, OPA, BRUDER und SCHWESTER
WORTSUCHRÄTSEL 4 in 1 SAMMELBAND BLUMEN, GARTEN, GRILLEN und SOMMER
WORTSUCHRÄTSEL 5 in 1 SAMMELBAND UFO, SCIENCE FICTION, HORROR, KRIMINALITÄT und HALLOWEEN
WORTSUCHRÄTSEL 6 in 1 SAMMELBAND BERLIN, MALLORCA, URLAUB, FREUNDSCHAFT, GLÜCK und LIEBESZITATE
WORTSUCHRÄTSEL 6 in 1 SAMMELBAND LEHRER, SCHULE, SPORTARTEN, GLÜCK, KRANKENPFLEGE und BIBELVERSE
Alle Themen auch als Einzelbücher verfügbar